Julia Niepmann

Phantasievolle Weihnachtskarten

Julia Niepmann

Phantasievolle Weihnachtskarten

zum Schneiden, Falten, Aufstellen

Mit Schnittvorlagen in Originalgröße

Augustus Verlag

Inhalt

Die Deutsche Bibliothek
– CIP-Einheitsaufnahme
**Phantasievolle Weihnachtskarten zum
Schneiden, Falten, Aufstellen:** mit Schnitt-
vorlagen in Originalgrösse/Julia Niepmann. –
Augsburg: Augustus-Verlag. 1996
ISBN 3-8043-0473-7

Jede gewerbliche Nutzung der Arbeiten und Ent-
würfe ist nur mit Genehmigung von Verfasserin
und Verlag gestattet.

Bei der Anwendung im Unterricht und in Kursen ist
auf dieses Buch hinzuweisen.

Die im Buch veröffentlichten Ratschläge wurden
von Verfasserin und Verlag sorgfältig erarbeitet und
geprüft. Eine Garantie kann dennoch nicht über-
nommen werden, ebenso ist eine Haftung der Verfasserin bzw. des Verlages und seiner Beauftragten
für Personen-, Sach- und Vermögensschäden aus-
geschlossen.

Fotografie: Klaus Lipa, Augsburg
Zeichnungen: Julia Niepmann, Aulendorf
Lektorat: Günter Wiegand, Wiesbaden
Umschlaggestaltung: Christa Manner, München

Layout: Anton Walter, Gundelfingen

AUGUSTUS VERLAG AUGSBURG 1996
© Weltbild Verlag GmbH, Augsburg

Satz: Gesetzt aus 10 Punkt Novarese Book
in Quark-X-Press von DTP-Design Walter,
Gundelfingen
Reproduktion: Color-Line, I-Verona
Druck und Bindung: Appl, Wemding

Gedruckt auf 120 g umweltfreundlich elementar
chlorfrei gebleichtem Papier.

ISBN 3-8043-0473-7
Printed in Germany

Vorwort

Weihnachtliche Dekorationen gibt es in der Winterzeit in vielen Farben, aus den edelsten Materialien, sehr aufwendig oder eher schlicht gestaltet, überall zu kaufen.

Und doch kribbelt es jedem, der gerne bastelt, in den Fingern, sich an dieser Schleife oder jenem Stern selbst zu versuchen. Die Schachtel mit dem Weihnachtsschmuck ist zwar wohlgefüllt, doch möchte man in der dunklen Jahreszeit die langen Abende kreativ nutzen und die eine oder andere neue Technik ausprobieren.

Ich stelle Ihnen hier eine Schnitt- und Falttechnik vor, die zwar nicht neu ist, doch eher selten für weihnachtliche Karten und Dekorationen angewandt wird. Es handelt sich um Papierarchitektur, bei der man von einem zweidimensionalen Papierbogen aus in die dritte Dimension gelangt. Dies geschieht nicht durch Kleben oder Zusammensetzen, sondern durch Bewegung, nachdem das Papier geschnitten und gefaltet wurde. Berücksichtigt man die zugrundeliegenden Gesetze, gelingt es durch einfaches Klappen, die Motive aus dem Papier heraustreten zu lassen. Die dritte Dimension, die uns in den letzten Jahren durch umfangreiche Literatur über das »magische Auge« vorgegaukelt wurde, wird hier zur Wirklichkeit.

Jeder, der einen Briefumschlag mit einem solchen Weihnachtsgruß öffnet, wird über die entstehende Räumlichkeit erstaunt sein.

Ein Licht, hinter dem Schnittbild aufgestellt, ergibt ein Spiel aus Licht und Schatten, das durch seine schlichte Schönheit fasziniert. Es wird zur stimmungsvollen Dekoration.

Für das Nacharbeiten der Modelle ist kein aufwendiges Material notwendig. Sie brauchen »nur« Papier, Ruhe, Ausdauer und für den Anfang einen großen Papierkorb.

Bei den Vorlagen sind bei jedem Motiv die jeweils möglichen Größen und Formate angegeben. Den Schwierigkeitsgrad erkennen Sie an folgenden Symbolen:

♥ Nach den vorbereitenden Übungen (Seite 16) können Sie sofort mit diesem Motiv anfangen.

♥★ Ein wenig Übung ist schon erforderlich. Es wird nämlich knifflig.

♥★♣ Erst wenn Sie einige Erfahrung haben, sollten Sie sich an dieses Motiv heranwagen.

Ich wünsche Ihnen und den Empfängern Ihrer Grußkarten viel Freude an der »dritten Dimension«.

Julia Niepman

Werkzeug

Für Falt- und Schnittarbeiten sind keine aufwendigen Werkzeuge erforderlich. Eine Gesamtübersicht sehen Sie auf dem Foto. Die meisten Utensilien werden Sie im Haushalt vorfinden, die fehlenden erhalten Sie in Schreibwaren-, Bastel- und Künstlerbedarfsläden.

① *Schneidmatte – eine Unterlage, die gegen Schnitte und Stiche unempfindlich ist. Ersatzweise nehmen Sie eine dicke, feste Pappe.*

② *Stichel – ein Griff mit einer möglichst dünnen Metallspitze. Sie können aber auch eine Zirkelspitze oder eine lange Stecknadel mit Glaskopf verwenden.*

③ *Cutter – ein spitzes Schneidmesser mit Abbrechklinge, das es in den verschiedensten Größen und Formen gibt. Zum Schneiden gerader Linien empfiehlt sich ein Cutter mit flachem Griff, für Kreise und Kurven einer mit einem runden Griff.*

④ *Filzschreiber – permanent, in den Farben Rot und Grün, sehr fein.*

⑤ *Bleistifte – Minenbleistift der Stärke HB 0,5, Bleistift der Stärke 6 B.*

⑥ *Radierer – Radierstift mit weißer Mine.*

⑦ *Geodreieck – 30 cm, durchsichtig, mit Griff und Raster.*

⑧ *Lineal – mit Griffleiste, Länge 16 cm.*

⑨ *Zirkel.*

⑩ Falzbein – flaches, messerförmiges Gerät aus Knochen oder Elfenbein, zum Falzen und Glätten von Papier.

⑪ Farbspachtel – aus Metall, mit Holzgriff; er muß lang und möglichst schmal sein.

⑫ Papierkleber – beidseitiger Klebefilm von der Rolle.

⑬ Papierkleber flüssig.

⑭ Transparentpapier – feste Sorte, zum Kopieren und Übertragen von Vorlagen.

⑮ Seidenpapier – weiß, zum Überkleben falscher Schnitte.

Material

Papiergrößen

Die in diesem Buch vorgestellten Karten werden in drei Größen eingeteilt.

Doppelkarte DIN A5

21 x 14,85 cm (Heftgröße)
aus Papierbogen
Format 21 x 29,7 cm
(DIN A4)

Doppelkarte DIN lang

21 x 10,5 cm
aus Papierbogen
Format 21 x 21 cm

Doppelkarte DIN A6

14,85 x 10,5 cm (Postkarte)
aus Papierbogen
Format 14,85 x 21 cm
(DIN A5)

Diese Doppelkarten passen in genormte Briefumschläge.

Schneidet man die Modelle aus der nächstgrößeren Doppelkarte, bleibt mehr Platz, Grüße und Wünsche auf der Karte unterzubringen!

Man kann die Modellgrößen beliebig variieren, wenn das Motiv als Dekoration gefertigt wird und nicht in einen genormten Briefumschlag passen muß.

Hoch- und Querformat

Doppelkarten haben immer eine Faltkante. Hält man diese Kante beim Betrachten senkrecht, nennt man es Hochformat. Hält man die Faltkante der gleichen Karte waagerecht, nennt man es Querformat.

Doppelkarte »seitlich«

Bei den vorher beschriebenen Doppelkarten DIN A5, DIN lang und DIN A6 ist die Faltkante jeweils eine der längeren Seiten des Formats.

Eine besonders elegante Doppelkarte in den genannten Größen entsteht, wenn man die Faltkante an die kürzere Seite des Formats legt.

Für die Herstellung benötigt man Papierstreifen mit folgenden Maßen:

Doppelkarte »seitlich« DIN A5

21 x 14,85 cm
aus Papierstreifen
42 x 14,85 cm

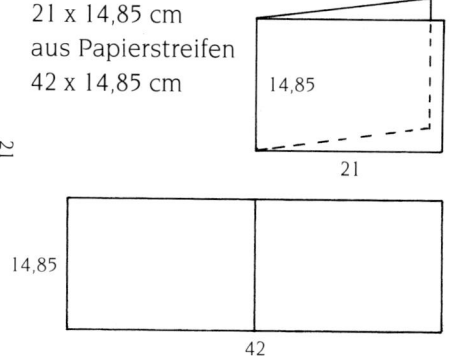

Doppelkarte »seitlich« DIN lang

21 x 10,5 cm
aus Papierstreifen
42 x 10,5 cm

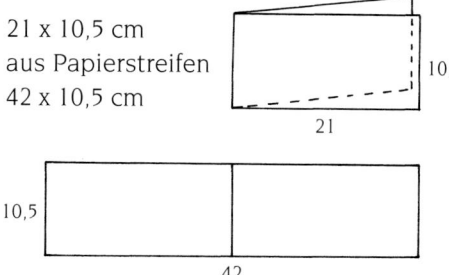

Doppelkarte »seitlich« DIN A6

14,85 cm x 10,5 cm
aus Papierstreifen
29,7 x 10,5 cm

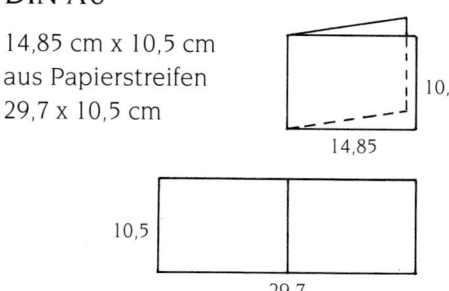

Für die Doppelkarten »seitlich« DIN A5 und DIN lang schneiden Sie die Streifen am besten aus Kartonbögen heraus (siehe Kapitel »Papiersorten«).

Die Doppelkarte »seitlich« DIN A6 läßt sich aus einem DIN-A4-Karton schneiden.

Papiersorten

Nicht alle Papiersorten sind gleichermaßen für die Herstellung von Faltkarten geeignet. Eine erste Orientierung stellt das Papiergewicht pro Quadratmeter dar. Für normale Grußkarten empfehle ich Ihnen 190 bis 220 g/m² schweres Papier. Wollen Sie ein Motiv als Dekoration aufstellen oder vergrößern, empfiehlt sich ein höheres Papiergewicht.

Faltkarten lassen sich grundsätzlich aus folgenden Papiersorten herstellen:

Tonpapier

Gewicht: ca. 130 g/m^2
Größe: DIN A4; 50 x 70 cm
Farbe: weiß, Farbpalette

Regenbogen-Karton

Gewicht: 200 g/m^2
Größe DIN A4
Farbe: weiß, Farbpalette

Karteikarton

Gewicht: 150 bis 250 g/m^2
Größe: DIN A4 bis DIN A8
Farbe: weiß

Fotokarton

Gewicht: 300 g/m^2
Größe: DIN A4; 50 x 70 cm
Farbe: weiß, Farbpalette

Doch nicht nur das Gewicht bestimmt die Qualität des Papiers, auch die Elastizität spielt eine Rolle. Diese hängt in hohem Maße von der Beschaffenheit der Fasern im Papier ab und ist bei den einzelnen Fabrikaten sehr unterschiedlich.

Achten Sie deshalb beim Einkauf auf folgende Kriterien:
holzfrei, sehr fein, sehr weiß, relativ steif.

Sie ersparen sich Zuschneidearbeit, wenn Sie sich Karteikarten (190 bis 220 g/m^2) in den fertigen Größen DIN A4 und DIN A5 besorgen. Falls Sie Ihr Papier in Bögen (50 x 70 cm) kaufen, transportieren Sie es immer flach! Einmal gebogenes Papier ist für 3D-Karten ungeeignet.

Technik

Allgemeine Hinweise

Das Besondere an 3D-Karten ist die Räumlichkeit, mit der das Motiv aus der Karte heraustritt.

Bewußt habe ich auf farbige Dekorationen der Modelle verzichtet, um nur die Form auf den Betrachter wirken zu lassen.

Der 3D-Charakter läßt sich durch einen farbigen Hintergrund jedoch unterstreichen. Hierfür eignet sich insbesondere buntes Tonpapier. Schneiden Sie es in gleicher Größe zu, falten Sie es zur Doppelkarte und legen Sie die Modellkarte hinein.

Die Hintergrundkarte können Sie auch an der 3D-Karte befestigen. Beschichten Sie jedoch nur die linke (beim Hochformat) oder die obere Hälfte (beim Querformat) mit Klebstoff, andernfalls gibt es Probleme beim Zuklappen. Die Hauptfaltkanten müssen fest ineinanderliegen.

Ein farbiger Hintergrund unterstreicht den dreidimensionalen Charakter des Modells.

Soll die Modellkarte ohne Beschriftung bleiben, wird die Hintergrundkarte beschrieben oder ein eigenes Grußblatt beigelegt.

Will man die Modellkarte nicht mit Grüßen beschriften, kann man seine Wünsche auch auf der Hintergrundkarte unterbringen, oder man legt noch ein Blatt mit Grüßen ein.

Zum Betrachten wird die Doppelkarte im 90°-Winkel aufgeklappt. Je nach Modell hält man sie hoch- oder querformatig.

Die Motive Seite 36, 50 und 51 bilden eine Ausnahme, diese Doppelkarten werden um 180° aufgeklappt. Das Modell steht dann senkrecht in der Mitte (siehe Seite 11).

Die Vorlagen sind im Schwierigkeitsgrad unterschiedlich. Es empfiehlt sich auf jeden Fall, zuerst die sechs Übungsmodelle (Seite 16) herzustellen, an denen Sie das Prinzip der 3D-Karten gut nachvollziehen können.

Grundsätzlich gelten die Modelle mit geraden Linien als etwas einfacher, da die Schnitte am Lineal gemacht werden können. Geschwungene Linien erfordern dagegen schon eine gewisse Übung.

Im rechten Winkel aufgeklappt, tritt das Modell plastisch hervor. Mitte eine Querformat-, unten eine Hochformatkarte.

Das Sondermodell 180°. Die Doppelkarte wird vollständig aufgeklappt, das Modell steht dann aufrecht in der Mitte der Karte.

Beim Nacharbeiten der Klappkarten folgen Sie am besten Punkt für Punkt den Arbeitsschritten 1 bis 4 (Seite 12 bis 15), die grundsätzlich für alle Modelle gelten. Halten Sie die Reihenfolge ein und beachten Sie die besonderen Hinweise, die Sie bei der jeweiligen Vorlage finden. Beim Kopieren der Modelle führen schon geringe Abweichungen von der Vorlage dazu, daß sich die Karte nicht exakt klappen läßt. Dies vermeiden Sie durch sehr sorgfältiges Arbeiten.

Mit herausgeschnittenen Sternen oder Herzen lassen sich die Modelle vielseitig verzieren. Werfen Sie sie also nicht gleich in den Papierkorb.

Fachbegriffe

3D-Karte – dreidimensionale Klappkarte; eine Doppelkarte, aus der beim Aufklappen das Modell heraustritt.

Querformat – alle Faltkanten laufen waagerecht.

Hochformat – alle Faltkanten laufen senkrecht.

Bergfalte – die Faltkante kommt dem Betrachter entgegen; auf den Vorlagen rot eingezeichnet.

Talfalte – die Faltkante zeigt vom Betrachter weg; auf den Vorlagen grün eingezeichnet.

Hauptfaltkante – teilt die Karte in zwei Hälften (Doppelkarte); immer eine Talfalte (grün).

Schnittlinie – wird mit dem Cutter geschnitten; auf den Vorlagen schwarz eingezeichnet.

Modell/Motiv – der Teil der Karte, der aus der Papierfläche heraustritt.

Vorlage – die im Buch abgedruckte, zweidimensionale Zeichnung des Modells.

Schablone – Kopie der Vorlage; dient zur Übertragung auf die zu fertigende Karte.

Kontur – eine rund um das Modell parallellaufende Linie. Der Abstand zum Modell ist beliebig wählbar.

Konturschnitt – an der Konturlinie wird das Modell aus der Karte herausgeschnitten.

Paßgenau – wenn zwei Papierteile an allen Seiten genau übereinanderliegen.

Schritt 1:
Vorbereiten
der Schablone

Sie haben das Motiv gewählt, das Sie nacharbeiten wollen und suchen sich in der »Galerie der Kartenmotive« ab Seite 20 die entsprechende Vorlage heraus.

Ich möchte Ihnen nachfolgend eine Möglichkeit aufzeigen, wie man von der Vorlage eine Schablone herstellt.

Mit dieser Schablone überträgt man das Motiv auf die zu fertigende Karte.

- Kopieren Sie die Vorlagen, die Sie brauchen, mit einem Laserkopierer. Laserkopierer geben in der Regel die Vorlage exakt wieder, so daß es beim Schneiden der Karten keine falschen Abstände gibt. Sie haben

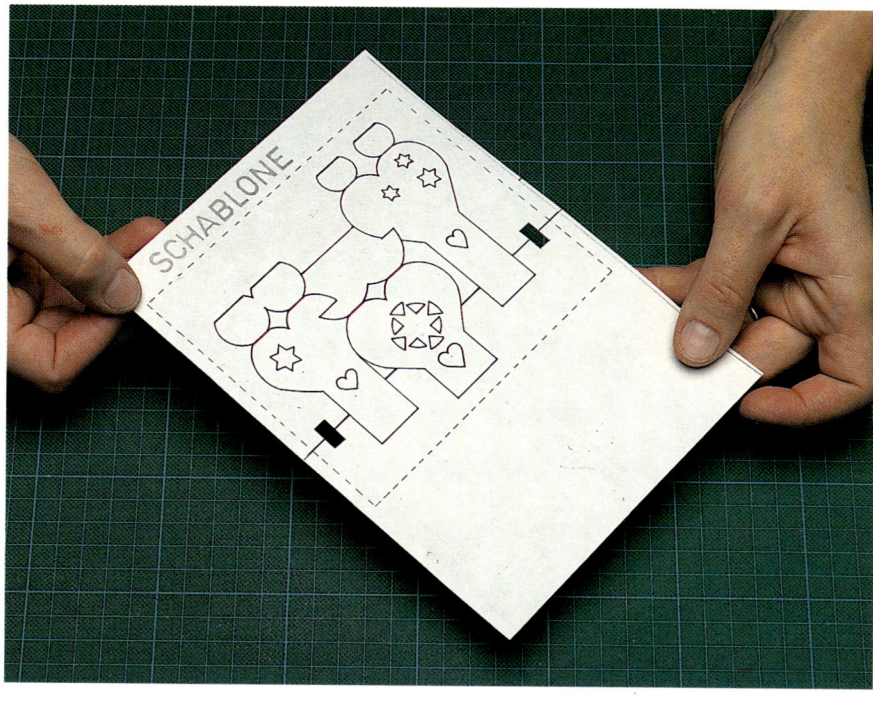

Auf der umgedrehten Schablone übermalen Sie alle geschwungenen Linien breitflächig mit dem 6B-Bleistift. Orientieren Sie sich an der Vorlage oder halten Sie zum besseren Erkennen die Schablone gegen eine Scheibe.

Das ist die Laserkopie, die zur Schablone wird. Hierauf markieren Sie die roten (für Bergfalten) und grünen (für Talfalten) Linien entsprechend der Vorlage im Buch.

aber auch die Möglichkeit, die Vorlagen beliebig zu vergrößern bzw. zu verkleinern.

- Nehmen Sie dann die Laserkopie, die Ihre Schablone werden soll zur Hand und markieren Sie mit dem

Filzschreiber die roten und grünen Linien, entsprechend der Vorlage im Buch (siehe Foto oben).

- Schneiden Sie die kleinen Rauten, die rechts und links vom Modell auf der Hauptfaltkante eingezeichnet sind, mit dem Cutter aus.

Um die Übertragung der Linien zu verbessern, verwischen Sie das Graphit mit einem Papiertuch.

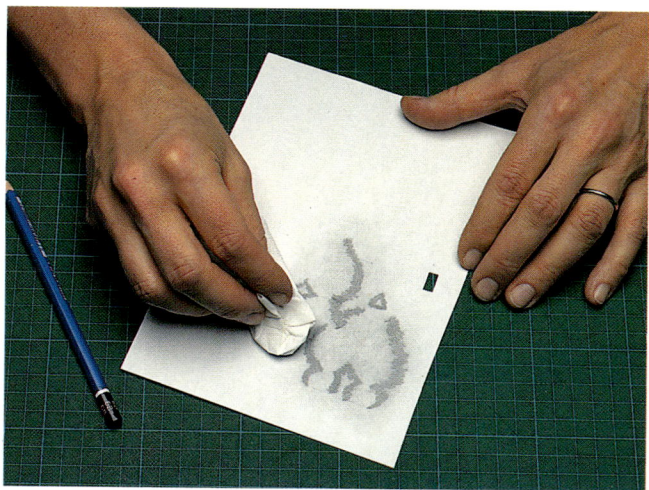

- Drehen Sie die Schablone um, und übermalen Sie alle geschwungenen Linien breitflächig mit dem Bleistift 6B (siehe Foto Seite 12 unten links). Da Sie die Linien auf der Rückseite nicht sehen können, orientieren Sie sich einfach an der Vorlage.

- Mit einem Papiertuch verwischen Sie anschließend das Graphit, um eine bessere Übertragung zu gewährleisten (siehe Foto Seite 12 unten rechts).

Haben Sie keine Möglichkeit, Laserkopien anfertigen zu lassen, stellen Sie mit Hilfe von Transparentpapier eine Schablone her. Legen Sie das Papier über die Vorlage und kopieren Sie alle Linien. Verfahren Sie dann weiter wie mit den Laserkopien.

Die Karte wird vorbereitet. Mit dem Geodreieck wird die Mittellinie (Hauptfaltkante) mit einem dünnen Bleistiftstrich eingezeichnet.

Schritt 2: Kopieren mit Hilfe der Schablone

Bereiten Sie jetzt die Karte vor.

- Wählen Sie die entsprechende Größe und zeichnen Sie mit Hilfe des Geodreiecks die Mittellinie (Hauptfaltkante) mit dünnem Bleistiftstrich ein.

- Schieben Sie die fertige Schablone auf die Karte, so daß die beiden Hauptfaltkanten genau aufeinanderliegen. Die Linie auf der Karte muß dabei exakt durch die Mitte der ausgeschnittenen Rauten der Schablone laufen.

- Plazieren Sie das Modell entweder in der Mitte der Hauptfaltkante oder seitlich versetzt.

- Mit dem Bleistift übertragen Sie den Rautenausschnitt auf die Karte, indem Sie an den Schnitträndern der Schablone entlangfahren. Sollte die Schablone beim Kopieren ver-

rutschen, legen Sie sie wieder auf die markierten Rauten.

- Nehmen Sie den Stichel zur Hand und stechen Sie ganz exakt durch die Endpunkte aller schwarzen, roten und grünen Linien auf der Schablone, ebenso durch die Eckpunkte, von denen aus eine Linie in eine andere Richtung verläuft. Die Stiche müssen sich durch die Schablone in die Karte hineindrücken. Die Rauten müssen nicht gestochen werden; sie dienen lediglich zur Orientierung auf der Karte.

- Mit dem Bleistift HB 0,5 fahren Sie unter leichtem Druck über alle geschwungenen Linien.

- Die Kopie ist nun fast fertig. Sie besteht aus einer Stichelkarte, auf der Sie die einzelnen Punkte nur noch mit Lineal und Bleistift verbinden müssen. Schauen Sie bei dieser

Die fertige Schablone wird so auf die Karte geschoben, daß die beiden Hauptfaltkanten genau aufeinanderliegen. Die Linie auf der Karte muß exakt durch die Mitte der ausgeschnittenen Rauten der Schablone laufen.

Das ist die fast fertige Kopie. Sie zeigt die gestichelte Karte, deren einzelne Punkte noch mit Lineal und Bleistift verbunden werden müssen.

Arbeit immer auf die Vorlage, damit Sie die richtigen Punkte verbinden. Die geschwungenen Linien sind bereits übertragen. Haben Sie später schon einige Übung, so können Sie sich das Einzeichnen der Linien auf der Karte sparen; die Stichelpunkte verbinden Sie dann gleich mit dem Cutter.

TIP:
Haben Sie vergessen, einen Punkt zu stechen, legen Sie die Schablone einfach noch einmal auf die Rauten und stechen den Punkt nach.

TIP:
Wollen Sie von einem Motiv gleich mehrere Karten anfertigen, legen Sie einfach mehrere Karten unter die Schablone und stechen durch alle Karten hindurch.

Schritt 3: Schneiden und Ritzen des Modells

- Die schwarzen Linien müssen nun von Punkt zu Punkt exakt auf Ihrer Karte geschnitten werden. Legen sie dafür Ihr Lineal an und fahren Sie mit dem Cutter so entlang, daß die Kante des Lineals nicht beschädigt wird, siehe Zeichnung unten.

Viele Motive haben spitz zulaufende Schnitte. Ziehen Sie mit dem Cutter immer zur Spitze hin.

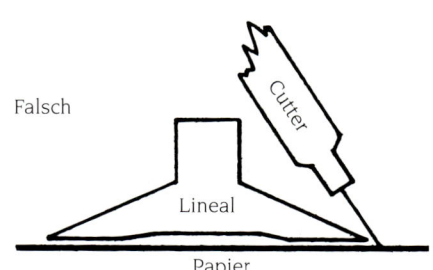

TIP:
Haben Sie sich verschnitten, müssen Sie die Karte nicht gleich in den Papierkorb werfen. Schneiden Sie ein Stück Seidenpapier zurecht, das großzügig über den falschen Schnitt paßt, beschichten Sie es mit Klebefilm und kleben Sie es rückseitig über den Fehler. Schneiden und ritzen Sie dann an den richtigen Stellen weiter.

TIP:
Nur mit einem scharfen Cutter lassen sich exakte Schnitte ausführen. Brechen Sie deshalb rechtzeitig die alte Klinge weg.

- Die roten und grünen Linien sind Faltkanten; hier wird das Papier nur etwa zur Hälfte seiner Dicke eingeritzt. Werden diese Faltkanten nicht tief genug geritzt, läßt sich die Karte im nächsten Schritt schwer klappen. Daher lohnt es sich, sehr sorgfältig zu arbeiten.

- Die roten Linien werden auf der Vorderseite, die grünen auf der Rückseite der Karte geritzt. Sie erreichen eine Spiegelung des Modells, wenn Sie die roten Linien hinten und die grünen Linien vorne ritzen. Dies wirkt sich jedoch nur bei asymmetrischen Motiven aus.

Beim Schneiden am Lineal muß der Cutter leicht schräg vom Lineal weg gerichtet sein, um die Kante nicht zu beschädigen.

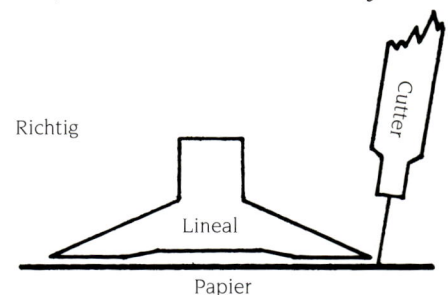

- Zum Ritzen der grünen Linien drehen Sie die Karte von oben nach unten um. Das Modell steht dann zwar auf dem Kopf, liegt dafür aber seitengerecht zur Vorlage. Dieses Vorgehen erleichtert Ihnen das Auffinden der richtigen Talfalten.

- Radieren Sie nun alle Bleistiftstriche auf Ihrer Karte aus.

- Streichen Sie anschließend auf der Rückseite mit dem Falzbein alle Stichelpunkte und hochstehenden Papierfasern glatt.

Beim Aufrichten des Modells in der Karte leistet der Farbspachtel gute Dienste. Er wird von der Seite unter die Bergfalte geschoben und dann vorsichtig nach vorn bzw. oben gezogen.

Schritt 4: Aufrichten und Klappen der Karte

- Überprüfen Sie, ob alle Schnitte vollständig gemacht und vor allem die Faltlinien exakt geritzt sind.

- Das Modell soll plastisch aus der Karte heraustreten. Versuchen Sie, mit den Fingern von hinten die Bergfalten (rot) nach vorne herauszuschieben.

- Sie merken schon, daß die Hauptfaltkante eine wichtige Rolle beim Klappen spielt. Knicken Sie diese Talfalte daher gleich zu Beginn nach hinten.

- Das Herausfalten des Modells ist etwas knifflig, da das Papier nur an den vorgeritzten Kanten geknickt werden darf, ansonsten aber schön glatt bleiben soll.

TIP:
Läßt sich ein Modell trotz aller Bemühungen nicht aufrichten, haben Sie entweder eine Falte unzureichend bzw. gar nicht geritzt oder einen Schnitt vergessen.

- Beim Falten kann der Farbspachtel gute Dienste leisten. Schieben Sie ihn von der Seite unter die Bergfalten und ziehen Sie vorsichtig nach vorne bzw. oben.

- Zum Schluß können Sie die Karte ganz zuklappen, so daß alle Faltkanten exakt in Berg und Tal liegen.

- Legen Sie ein Blatt auf die zusammengeklappte Karte und streichen Sie einige Male mit den Fingerkuppen darüber. Die innenliegenden Faltungen kommen so exakt in Form, und die Karte läßt sich leicht öffnen und schließen.

Beim Zusammenklappen der Karte müssen alle Faltkanten exakt in Berg und Tal liegen.

Vorbereitende Übungen

Schaut man auf eine um 90° aufgeklappte Karte, so erkennt man senkrechte Flächen (S) und waagerechte Flächen (W). S wird oben durch eine waagerechte Bergfalte und unten durch eine hierzu parallele Talfalte begrenzt. W wird vorne von einer Bergfalte und hinten von einer hierzu parallelen Talfalte begrenzt (siehe Zeichnung 1). Zweidimensional stellt sich dies wie in Zeichnung 2 dar.

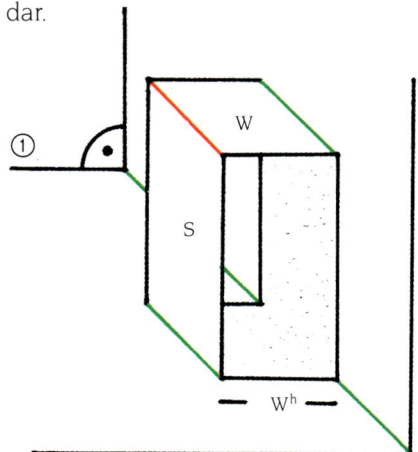

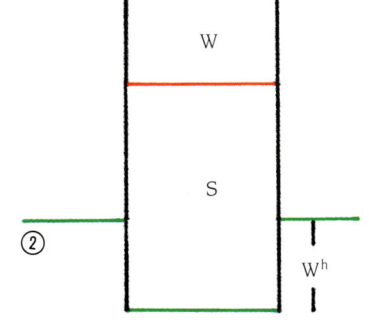

S ist zwischen den Falten in Höhe, Breite und Form frei gestaltbar. W kann dagegen nur in der Form und in der Breite frei gestaltet werden. Die Höhe wird durch den Abstand der senkrechten Fläche zur Hauptfaltkante (W^h) genau festgelegt (siehe Zeichnung 3).

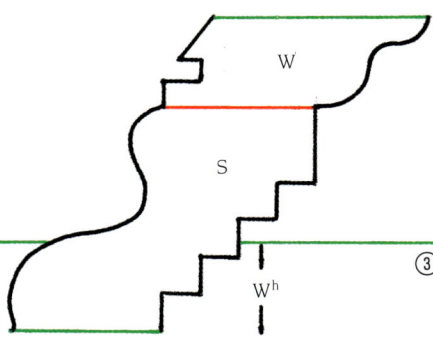

- Nehmen Sie die Modelle in Zeichnung 2 und 3 als erste Übungsvorlagen. Verfahren Sie wie in den Arbeitsschritten 1 bis 4 (Seite 12 bis 15) angegeben.

- Eine Erweiterung dieser Technik sehen Sie in Zeichnung 4 (Treppen).

Die Summe der waagerechte Flächen ergibt den Abstand von S zur Hauptfaltkante.

- Bei der symmetrischen Faltung entspricht die Höhe von S dem Abstand von S zur Hauptfaltkante. W und S sind in der Höhe gleich, können aber in Form und Breite variieren (siehe Zeichnung 5). Modelle in dieser Technik betrachtet man zumeist im Hochformat (alle Faltkanten senkrecht). Eine Besonderheit der symmetrischen Faltung sind außerdem diagonale Talfalten wie in Zeichnung 6 (siehe auch Modell Nikolaus Seite 41 und Tannenbaum Seite 47).

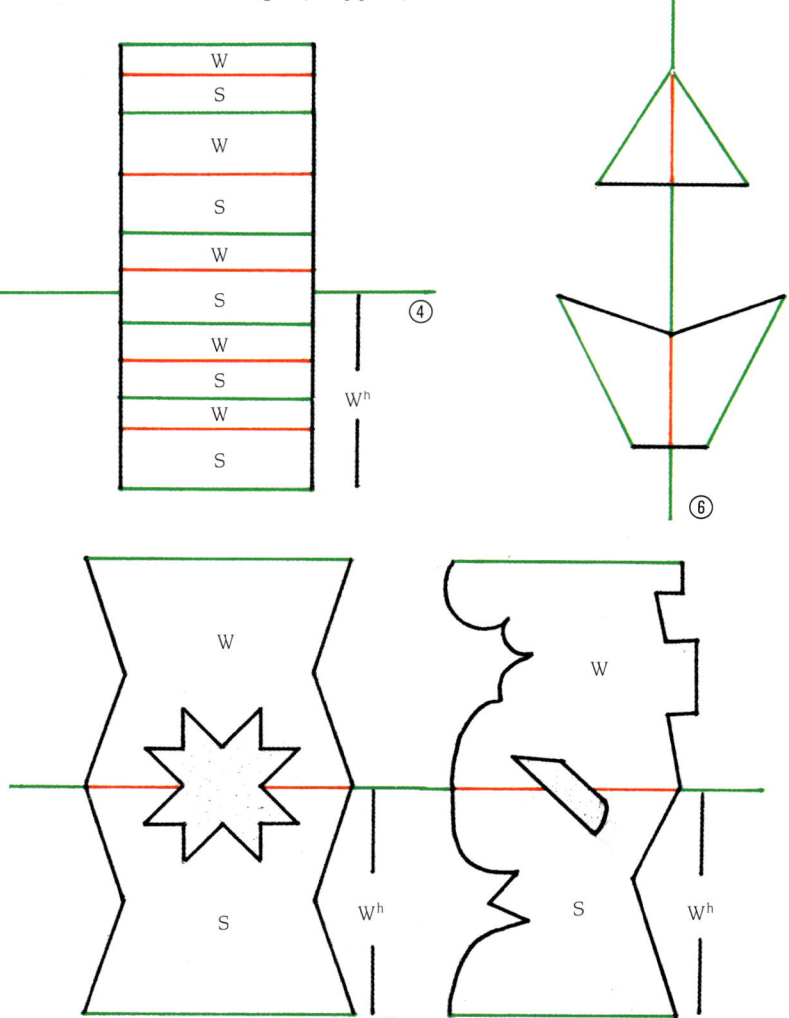

Arbeiten Sie alle sechs Übungsmodelle nach wie sie im Foto zu
sehen sind. Sie haben dann alle im
Buch vorkommenden Techniken im
Prinzip erlernt.

Bevor Sie Ihre erste Karte erarbei-
ten, verschaffen Sie sich noch einmal Klarheit über alle Farben und
Symbole, die verwendet werden.

- Gestrichelte Linien geben eine
Kontur oder eine Hilfslinie an.

- - - - - - - - - - - - - - - - - -

- Schwarze Linien sind Schnittlinien.

————————————————

- Rote Linien sind Bergfalten.

————————————————

- Grüne Linien sind Talfalten.

————————————————

- Bei jedem Modellnamen ist
der Schwierigkeitsgrad angegeben
(siehe Seite 5).

- Unter dem Modellnamen befindet
sich die empfohlene Kartengröße
und das Format (siehe Seite 8).

- Unter »*TIP*« finden Sie Hilfe und
Anregungen für die Fertigung des
Modells.

- Unter »Varianten« sind Möglich-
keiten beschrieben, wie Sie das Motiv auch anders gestalten können.
Bevor Sie die Varianten nacharbeiten, sollten Sie die Standardmotive
(nach Arbeitsschritt 1 bis 4) jedoch
sicher beherrschen. Wird das Motiv
als Karte gearbeitet, paßt es in alle
genormten Briefumschläge. Ist es
dagegen als Dekoration (zum Aufstellen) gedacht, hat es keine Norm-
maße.

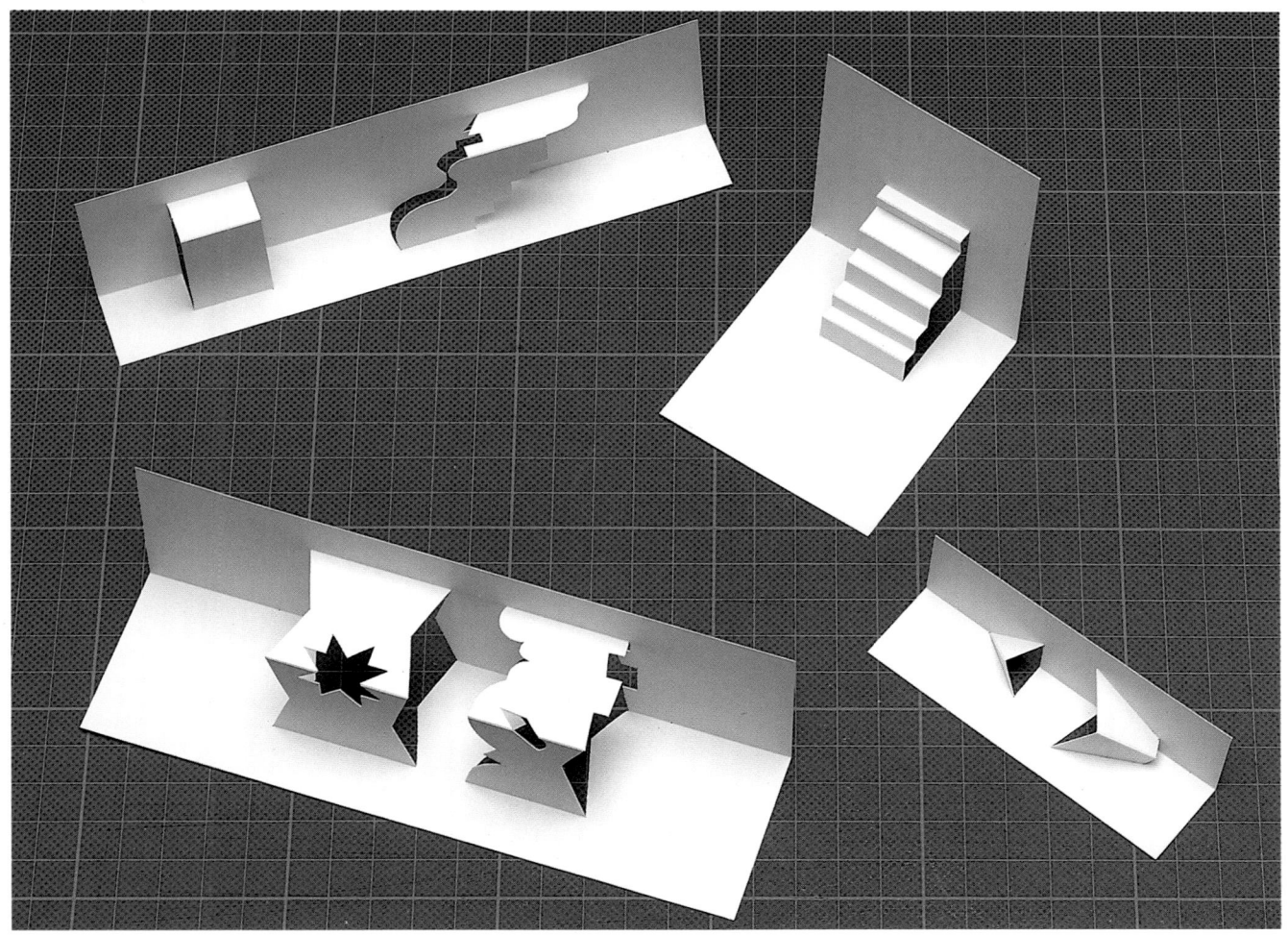

Nachdem die Karte geschnitten und geritzt ist, haben Sie zwei identische Modelle. Klappen Sie die Karte ganz (180°) auf. Sie liegt jetzt plan. Drücken Sie jede Figur nach innen um und wieder zurück in die Karte.

180°-Modelle

Eine Besonderheit der Modelle Seite 36, 50, 51 ist, daß sie nicht um 90°, sondern um 180° aufgeklappt werden. Dabei sind folgende Arbeitsschritte zu beachten:

Schritt 1 und 2

wie auf Seite 12 bis 14 beschrieben.

Schritte 3 und 4

- Ritzen Sie die Hauptfaltkante und falten Sie die Karte. Schneiden Sie dann das Modell durch beide Kartenhälften hindurch. Sie erhalten zwei identische Modelle, die an deren unterem Rand, auf beiden Seiten der geschlossenen Doppelkarte, geritzt werden.

- Klappen Sie die Karte ganz auf, drücken Sie jede Figur einmal nach innen um und legen Sie sie dann wieder in die Karte zurück.

Eine Figurenseite wird im oberen Bereich mit Klebefilm beschichtet.

*Beim Zuklappen verbinden sich beide
Modellteile.*

- Beschichten Sie eine Figur im
oberen Bereich mit Klebefilm und
klappen Sie die Karte mit den
Modellen zu.

- Die Figuren verbinden sich jetzt.
Wenn Sie die Karte wieder öffnen,
bleibt in der Mitte das Modell stehen.

- In der Vorlage finden Sie noch
einen vereinfachten, vergrößerten
Umriß des Motives. Fertigen Sie
auch hiervon eine Schablone an und
schneiden Sie aus Tonpapier zwei
solcher Schattenfiguren aus.

- Kleben Sie diese auf der Innenseite der Karte über die beiden
leeren Ausschnitte. Sie verhindern
dadurch, daß sich das Motiv beim
Zuklappen in die ursprüngliche
Kontur hineindrückt und nicht mehr
heraustritt.

*Jetzt wird die Karte wieder geöffnet. Die
beiden miteinander verbundenen Modellteile bleiben in der Mitte stehen.*

Galerie der
schönsten Kartenmotive

Maria
und Josef
♥ ★ ♣

Doppelkarte DIN A6
aus 14,85 x 21 cm, Querformat
Doppelkarte DIN lang
aus 21 x 21 cm, Querformat

Bei diesem schlichten Motiv sind
keine Besonderheiten zu beachten.
Folgen Sie einfach den Arbeitsschritten 1 bis 4 (Seite 12 bis 15).

Prachttanne

♥ ★

Doppelkarte DIN lang
aus 21 x 21 cm, Querformat
Doppelkarte DIN A6
aus 14,85 x 21 cm, Querformat

Dieses stimmungsvolle Motiv ist
besonders für Anfänger geeignet.
Folgen Sie den Arbeitsschritten 1
bis 4 (Seiten 12 bis 15).

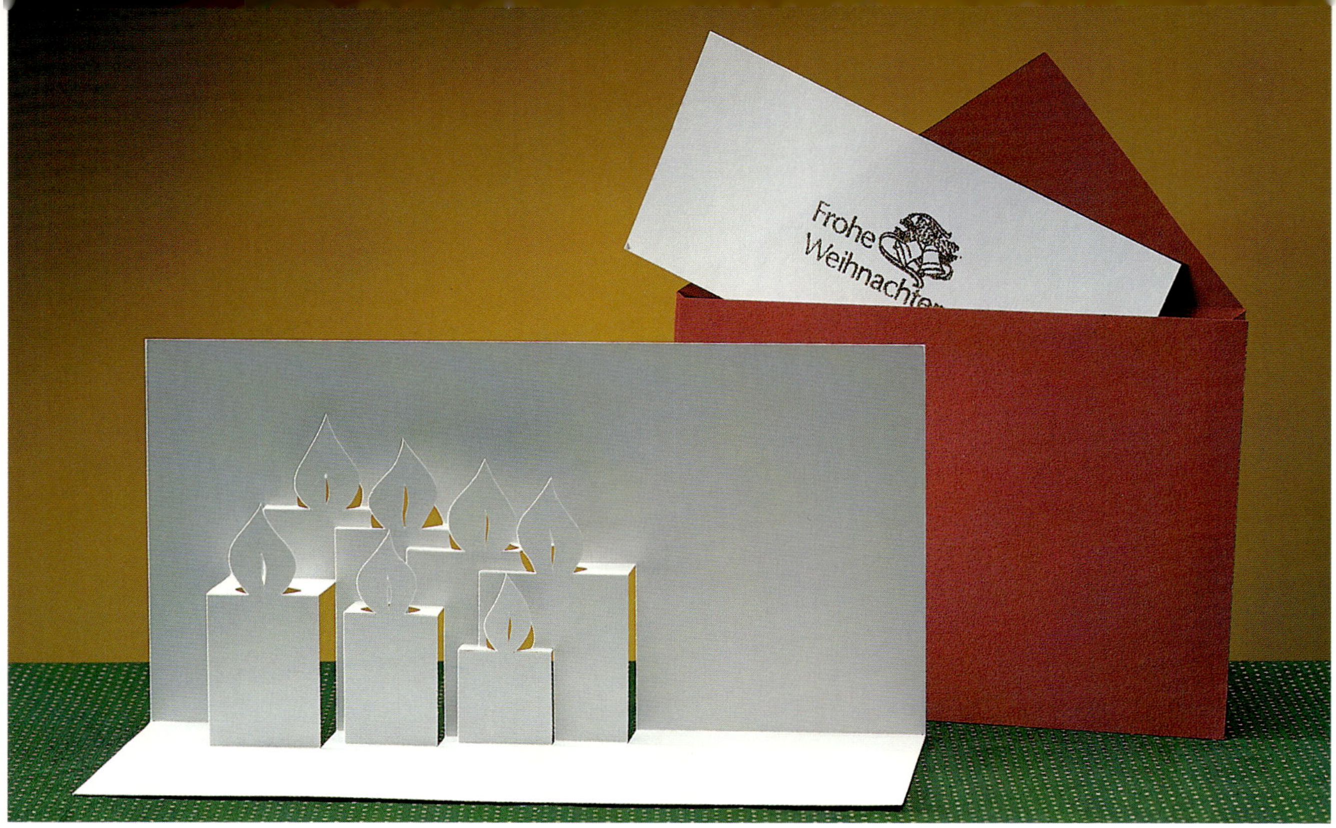
Frohe
Weihnachten

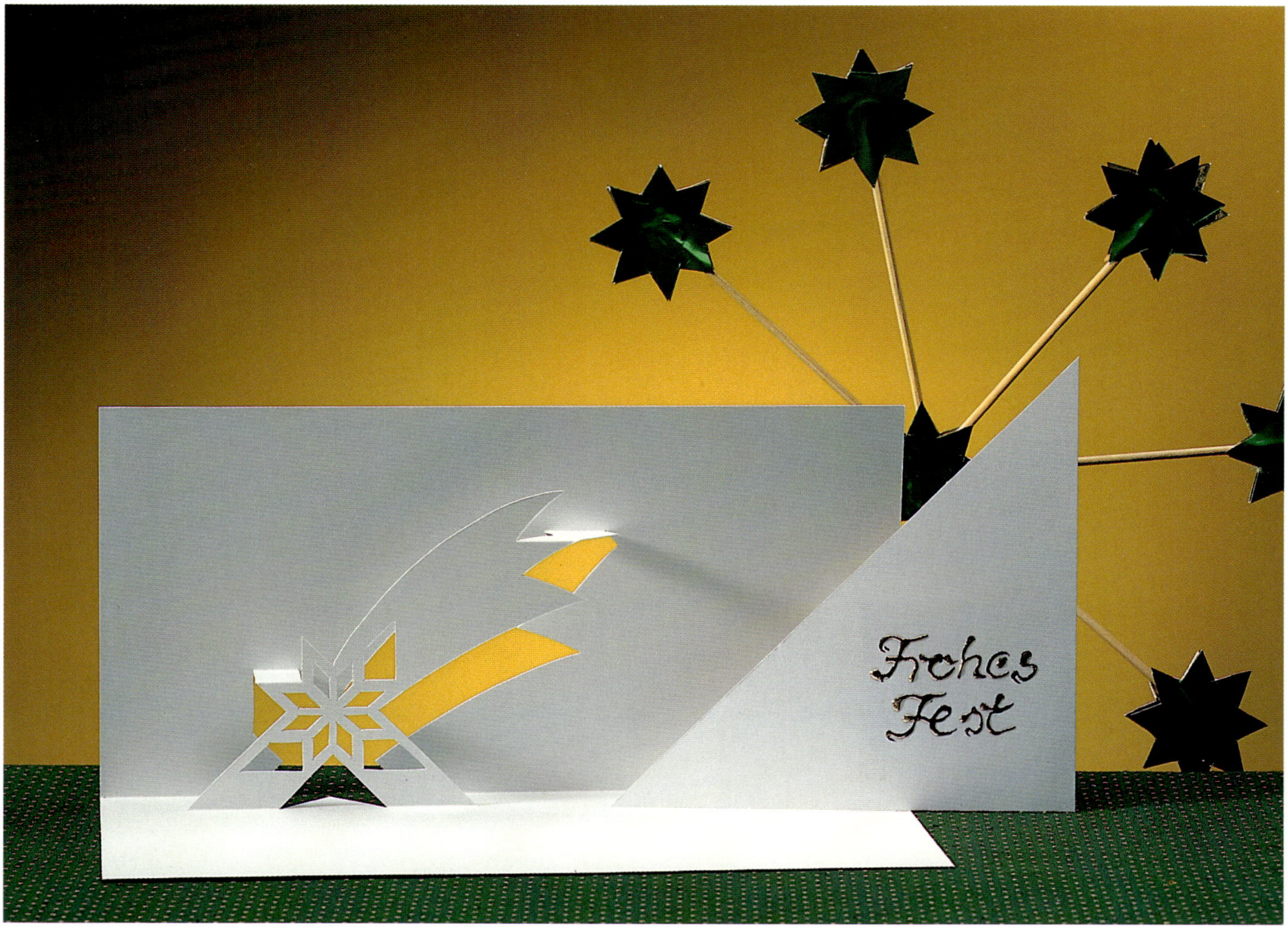
Frohes
Fest

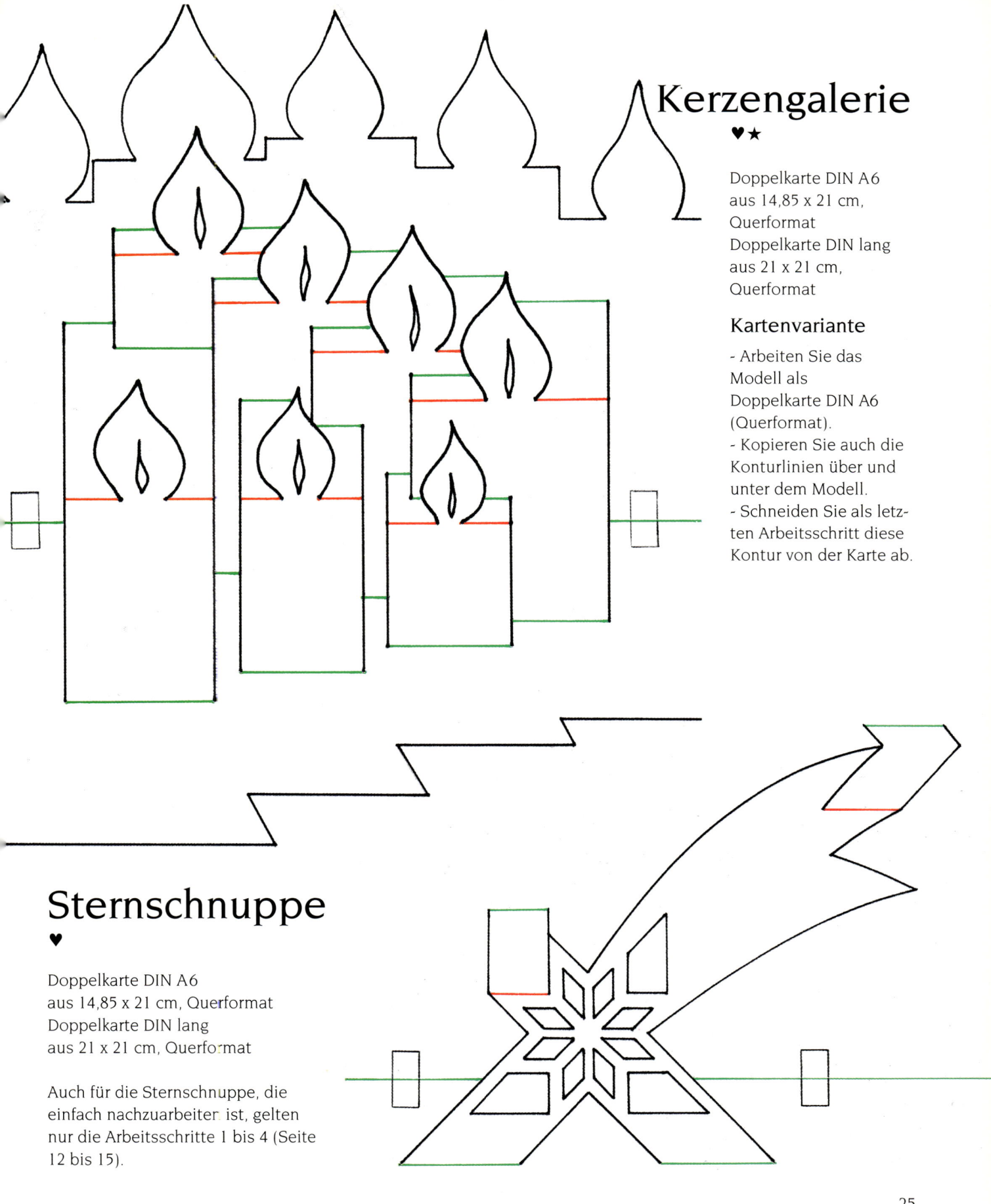

Kerzengalerie
♥★

Doppelkarte DIN A6
aus 14,85 x 21 cm,
Querformat
Doppelkarte DIN lang
aus 21 x 21 cm,
Querformat

Kartenvariante

- Arbeiten Sie das
Modell als
Doppelkarte DIN A6
(Querformat).
- Kopieren Sie auch die
Konturlinien über und
unter dem Modell.
- Schneiden Sie als letz-
ten Arbeitsschritt diese
Kontur von der Karte ab.

Sternschnuppe
♥

Doppelkarte DIN A6
aus 14,85 x 21 cm, Querformat
Doppelkarte DIN lang
aus 21 x 21 cm, Querformat

Auch für die Sternschnuppe, die
einfach nachzuarbeiten ist, gelten
nur die Arbeitsschritte 1 bis 4 (Seite
12 bis 15).

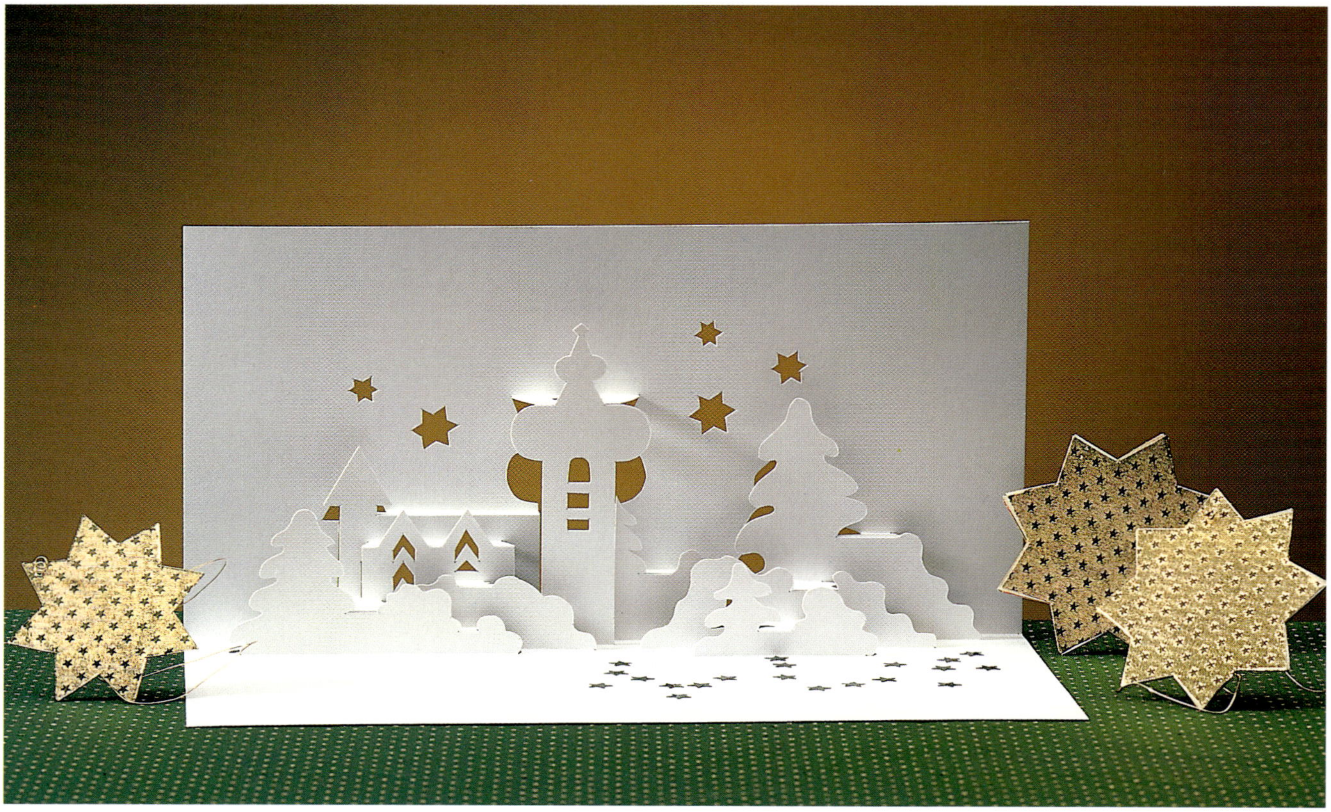

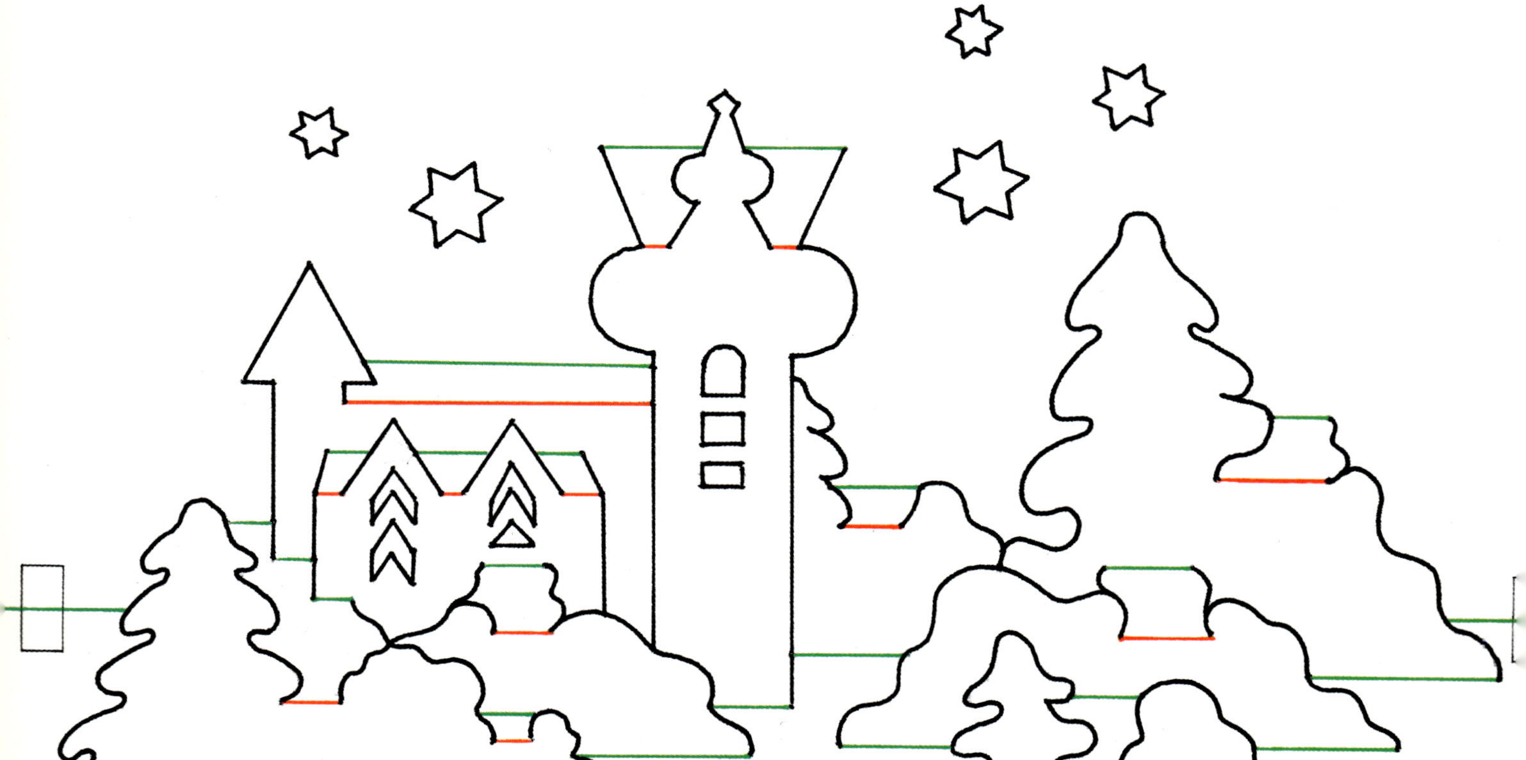

Winterlandschaft

♥ ★ ♣

Doppelkarte DIN lang
aus 21 x 21 cm, Querformat

TIP:

Befestigen Sie diese Karte auf einer
Hintergrundkarte. Streichen Sie
hierfür die gesamte obere Kartenhälfte, bis dicht an das Modell her-
an, dünn mit flüssigem Papierkleber
ein.

Schieben Sie die geklappte Karte in
eine vorbereitete Tonpapier-Doppel-
karte. Die Hauptfaltkanten müssen
fest ineinanderliegen. Streichen Sie
mit dem Falzbein die Karte an.

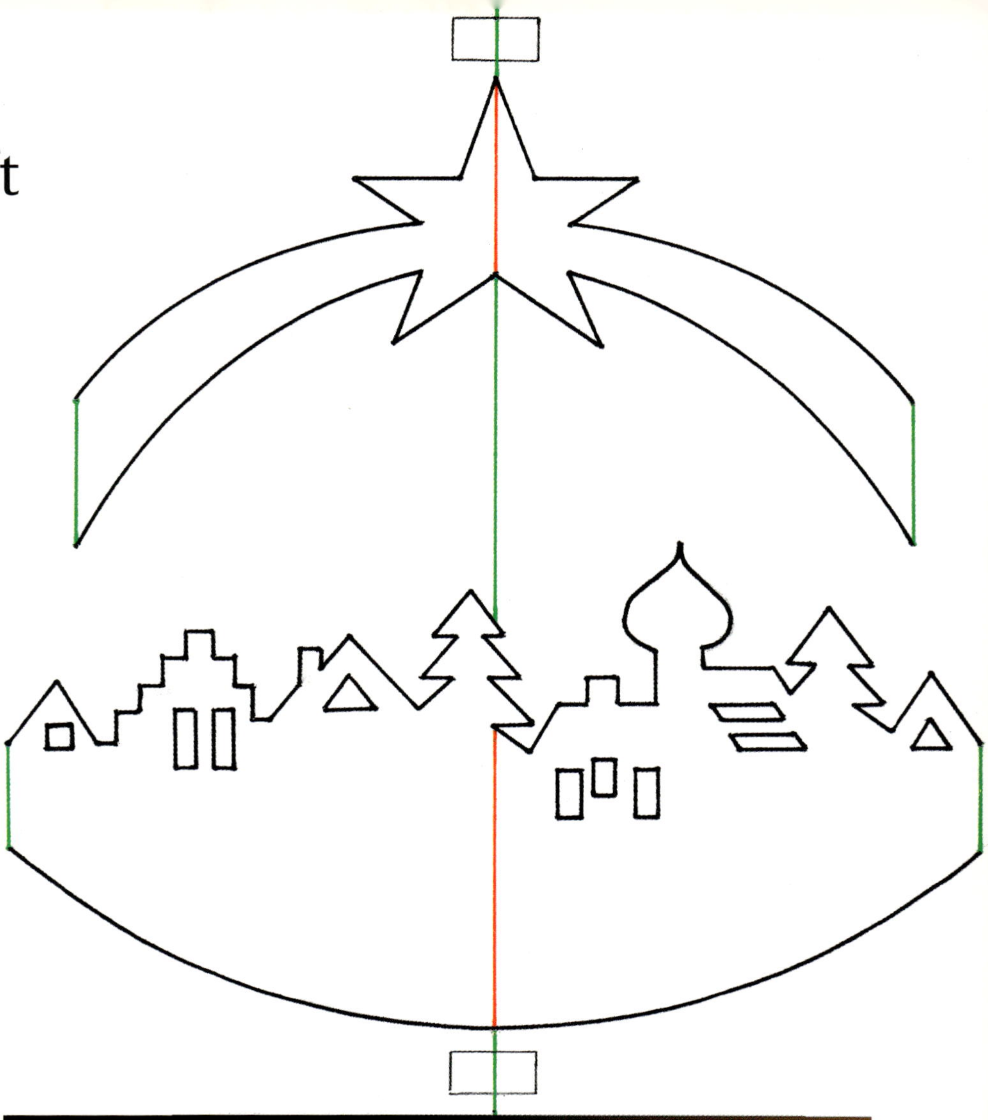

Bethlehem

♥

Doppelkarte DIN A5
aus 21 x 29,7 cm, Hochformat
Doppelkarte »seitlich« DIN A5
aus 42 x 4,85 cm, Hochformat

Bei diesem einfachen, aber deko-
rativen Motiv sind nur die Arbeitsschritte 1 bis 4 (Seite 12 bis 15) zu
beachten.

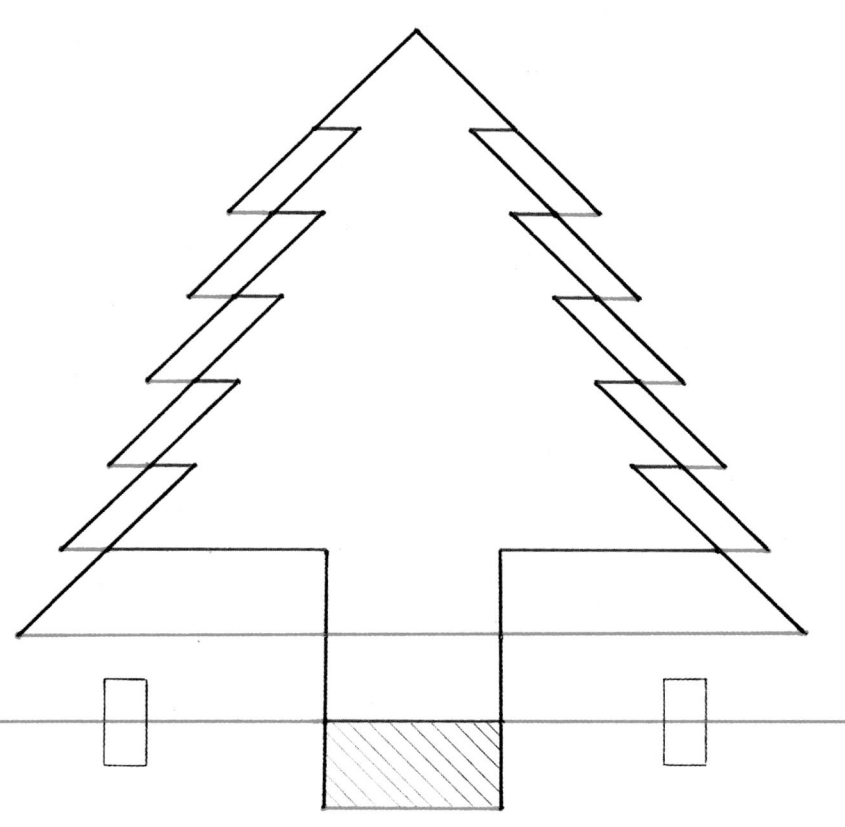

Tanne in Umkehrtechnik
(mit 6 Spitzen) ♥

Doppelkarte DIN A6
aus 14,85 x 21 cm, Querformat
Doppelkarte DIN lang
aus 21 x 21 cm, Querformat

Die Besonderheit dieses Motives
beruht auf der Umkehrung der
Technik aller anderen 3D-Karten in
diesem Buch.

Der dreidimensionale Effekt entsteht hier nicht durch das
Schieben in die Falten,
sondern durch den Zug in
die Falten.

- Schneiden und ritzen Sie das Modell wie angegeben.
- Zum Falten legen Sie die Karte flach auf den Tisch, drücken den Baum von hinten in die Höhe und ziehen das Modell an dem in der Vorlage schraffierten Fuß so lange vorsichtig abwärts, bis es wieder flach auf der Karte liegt.
- Befestigen Sie den schraffierten Teil mit Klebefilm an der Karte.
- Klappen Sie die Karte an der Hauptfaltkante zu. Der Baum kehrt in seine Ausgangsstellung zurück.

Tanne in Umkehrtechnik
(mit 4 Spitzen)   ♥

Doppelkarte DIN A5
aus 21 x 29,7 cm, Querformat

Folgen Sie der Arbeitsanleitung von Modell Tanne in Umkehrtechnik (mit 6 Spitzen)).

TIP:
Schneiden sie das Modell aus grünem Tonpapier, vor einem weißen Hintergrund.

Dekorationsvariante

- Nehmen Sie eine Karte in den Maßen 21 x 21 cm (Querformat) und markieren Sie die Hauptfaltkante bei 6 cm, parallel zu einer Seite.
- Kopieren Sie das Modell einschließlich der gestrichelten Linie genau in der Mitte der Hauptfaltkante.
- Die gestrichelte Linie ist eine Konturlinie. Schneiden Sie deshalb nach dem Schneiden und Ritzen des Modells den oberen Teil der Karte an dieser Linie entlang weg.
- Falten Sie die Karte und befestigen Sie den Fuß mit Klebefilm an der Karte.
- Stellen Sie aus Tonpapier eine 21 x 22 cm große Karte her.
- Legen Sie die Hauptfaltkante bei 6,5 cm parallel zur kürzeren Seite.
- Befestigen Sie das Modell mit Klebstoff an der Hintergrundkarte. Streichen Sie dafür nur die Konturlinie der oberen Kartenhälfte ein.

Weihnachts-stadt

♥ ★ ♣

Doppelkarte DIN A6
aus 14,85 x 21 cm, Querformat
Doppelkarte DIN lang
aus 21 x 21 cm, Querformat

TIP:
Beginnen Sie beim Falten der Karte
mit der Hauptfaltkante. Schieben
Sie dann von oben beginnend eine
Häuserreihe nach der anderen in die
entsprechenden Falten.

Dekorationsvariante

- Plazieren Sie zum Kopieren das Modell genau in die Mitte.
- Messen sie von den Seiten je eine Parallele im Abstand von 3,7 cm ab.
- Tragen Sie von der Kartenoberkante 4 cm auf diesen Linien ab. Dies sind die Mittelpunkte der Kuppeln.

- Schlagen Sie von den Mittelpunkten aus Halbkreise mit 4 cm Radius.
- Schneiden Sie an den Kreiskonturen entlang die Kartenoberkante weg.

Tannenwald

♥ ★

Doppelkarte DIN A6
aus 14,85 x 21 cm, Hochformat
Doppelkarte DIN lang
aus 21 x 21 cm, Hochformat

Bei diesem winterlichen Motiv sind
wieder nur die Arbeitsschritte 1 bis
4 (Seite 12 bis 15) zu beachten.

Achtstrahlige Sterne

♥

Doppelkarte DIN A6
aus 14,85 x 21 cm, Querformat
Doppelkarte DIN lang
aus 2 x 21 cm, Querformat

Diese drei Sterne in unterschied-
licher Größen erfordern keine
besonderen Hinweise. Es gelten die
Arbeitsschritte 1 bis 4 (Seite 12
bis 15).

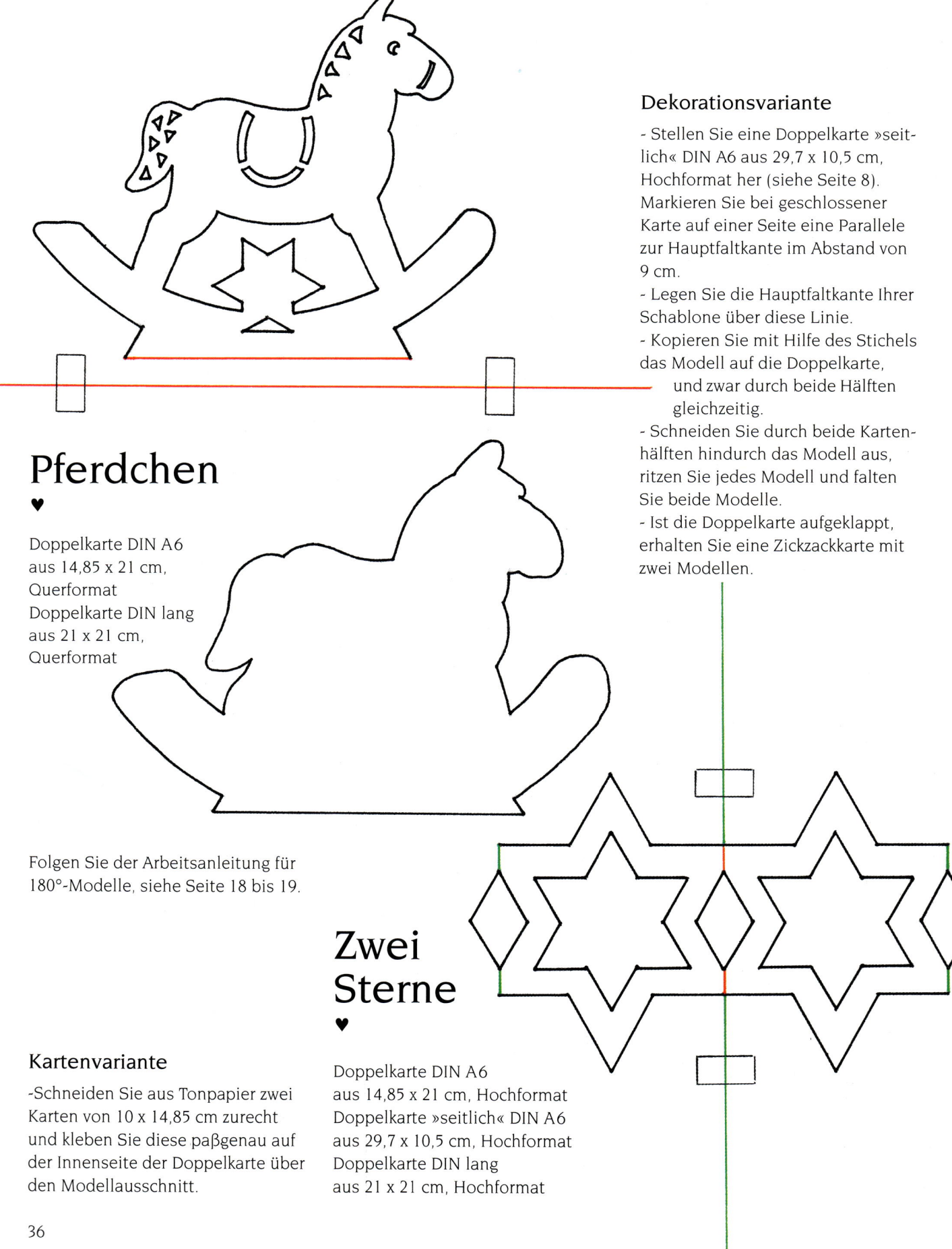

Pferdchen

♥

Doppelkarte DIN A6
aus 14,85 x 21 cm,
Querformat
Doppelkarte DIN lang
aus 21 x 21 cm,
Querformat

Folgen Sie der Arbeitsanleitung für
180°-Modelle, siehe Seite 18 bis 19.

Dekorationsvariante

- Stellen Sie eine Doppelkarte »seit-
lich« DIN A6 aus 29,7 x 10,5 cm,
Hochformat her (siehe Seite 8).
Markieren Sie bei geschlossener
Karte auf einer Seite eine Parallele
zur Hauptfaltkante im Abstand von
9 cm.
- Legen Sie die Hauptfaltkante Ihrer
Schablone über diese Linie.
- Kopieren Sie mit Hilfe des Stichels
das Modell auf die Doppelkarte,
und zwar durch beide Hälften
gleichzeitig.
- Schneiden Sie durch beide Kartenhälften hindurch das Modell aus,
ritzen Sie jedes Modell und falten
Sie beide Modelle.
- Ist die Doppelkarte aufgeklappt,
erhalten Sie eine Zickzackkarte mit
zwei Modellen.

Zwei Sterne

♥

Doppelkarte DIN A6
aus 14,85 x 21 cm, Hochformat
Doppelkarte »seitlich« DIN A6
aus 29,7 x 10,5 cm, Hochformat
Doppelkarte DIN lang
aus 21 x 21 cm, Hochformat

Kartenvariante

-Schneiden Sie aus Tonpapier zwei
Karten von 10 x 14,85 cm zurecht
und kleben Sie diese paßgenau auf
der Innenseite der Doppelkarte über
den Modellausschnitt.

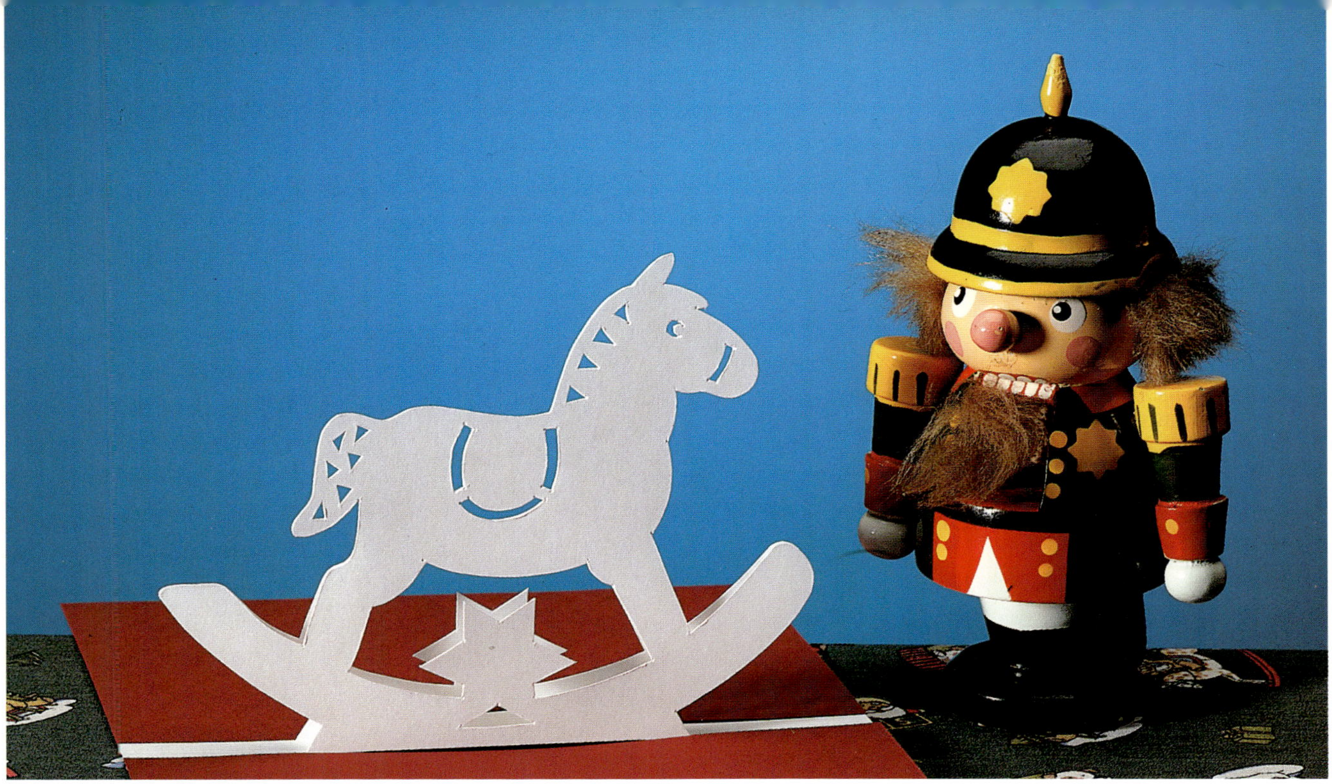

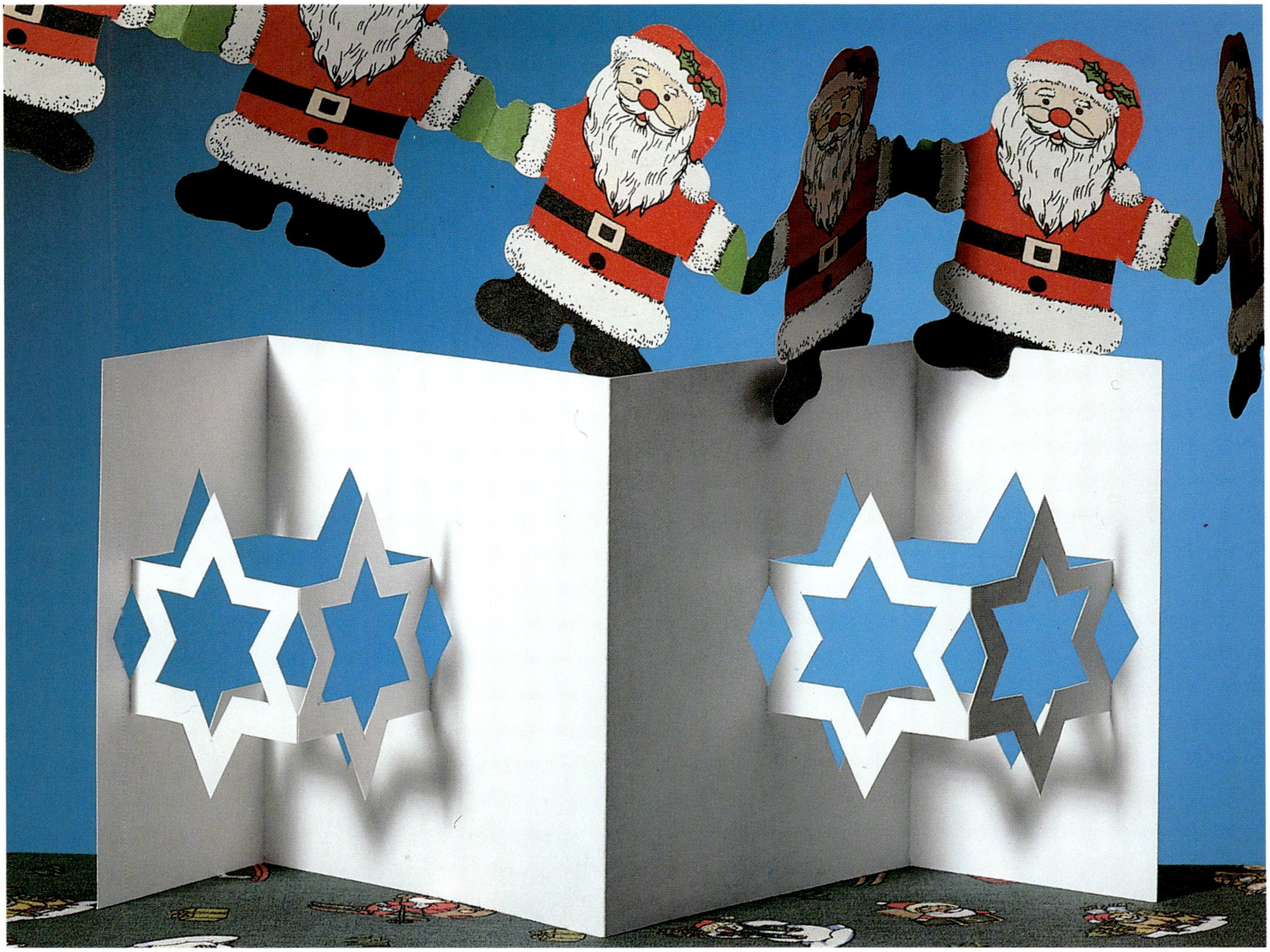

Schneemänner im Wald

♥ ★ ♣

Kleine Version

Doppelkarte DIN A6
aus 14,85 x 21 cm, Querformat
Doppelkarte DIN lang
aus 21 x 21 cm, Querformat

Große Version

Doppelkarte DIN A5
aus 21 x 29,7 cm, Querformat

Dieses Motiv, das besonders Kinder ansprechen wird, läßt sich laut Vorlagen in klein oder etwas größer fertigen. Folgen Sie bitte den Arbeitsschritten 1 bis 4 (Seite 12 bis 15).

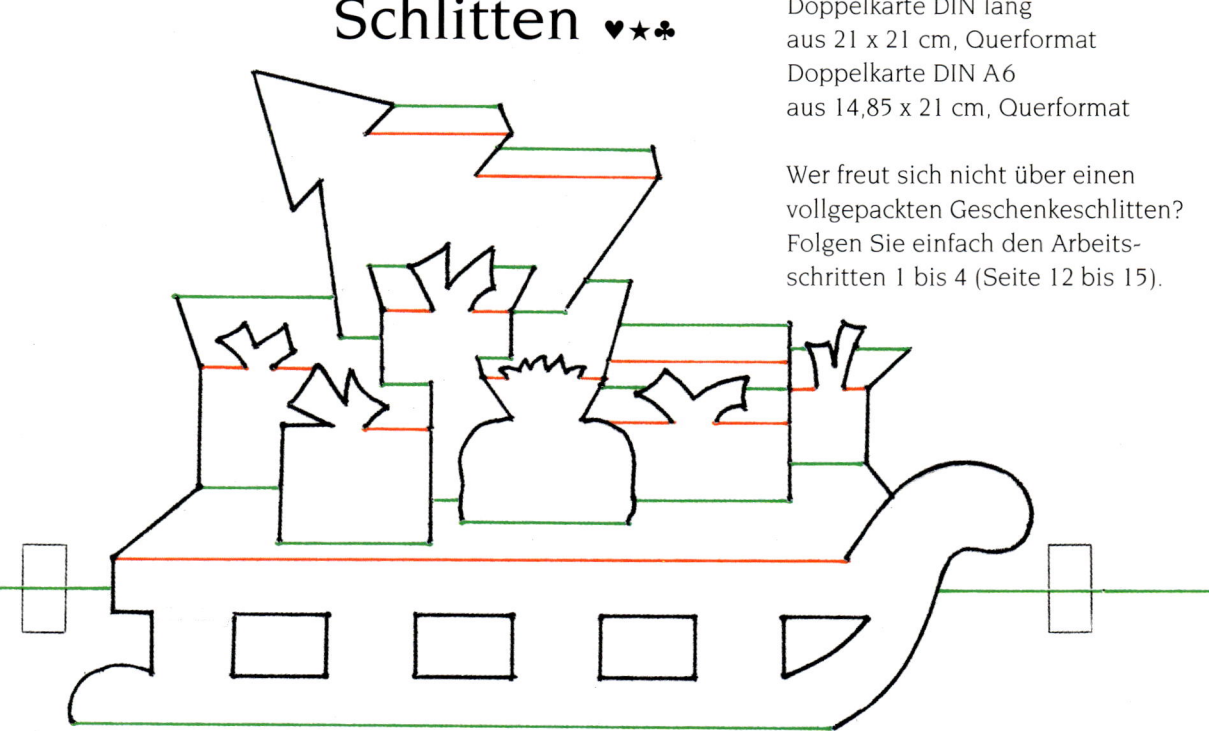

Schlitten ♥★♣

Doppelkarte DIN lang
aus 21 x 21 cm, Querformat
Doppelkarte DIN A6
aus 14,85 x 21 cm, Querformat

Wer freut sich nicht über einen
vollgepackten Geschenkeschlitten?
Folgen Sie einfach den Arbeitsschritten 1 bis 4 (Seite 12 bis 15).

Nikolaus

♥ ★ ♣

Doppelkarte DIN A6
aus 14,85 x 21 cm, Hochformat
Doppelkarte DIN lang
aus 21 x 21 cm, Hochformat

Dekorationsvariante

- Schneiden und ritzen Sie das
Modell als Doppelkarte DIN A6 .
- Legen Sie das Geodreieck diagonal
von der Mitte der Oberkante (über
der Mütze) zur rechten unteren Ecke
und schneiden Sie diesen Teil der
Karte weg.
- Legen Sie die Ecke nach hinten
und klappen Sie die Doppelkarte
mit dem Modell obendrauf.
- Die umgeklappte Ecke liegt nun
unter der Doppelkarte und ragt ein
Stück über die Hauptfaltkante hin-
aus.

- Schneiden Sie diesen Überstand
an der Hauptfaltkante entlang ab.
- Ritzen Sie in Tonpapier der Größe
14,85 x 21 cm (Hochformat) eine
halbierende Talfalte und zwei
diagonale Bergfalten wie bei der
Modellkarte.
- Klappen Sie die Ecken nach hinten.
- Stellen sie den Nikolaus so in die
Tonpapierkarte, daß die Bergfalten
auf der linken Seite aufeinanderliegen.

Frohes Fest

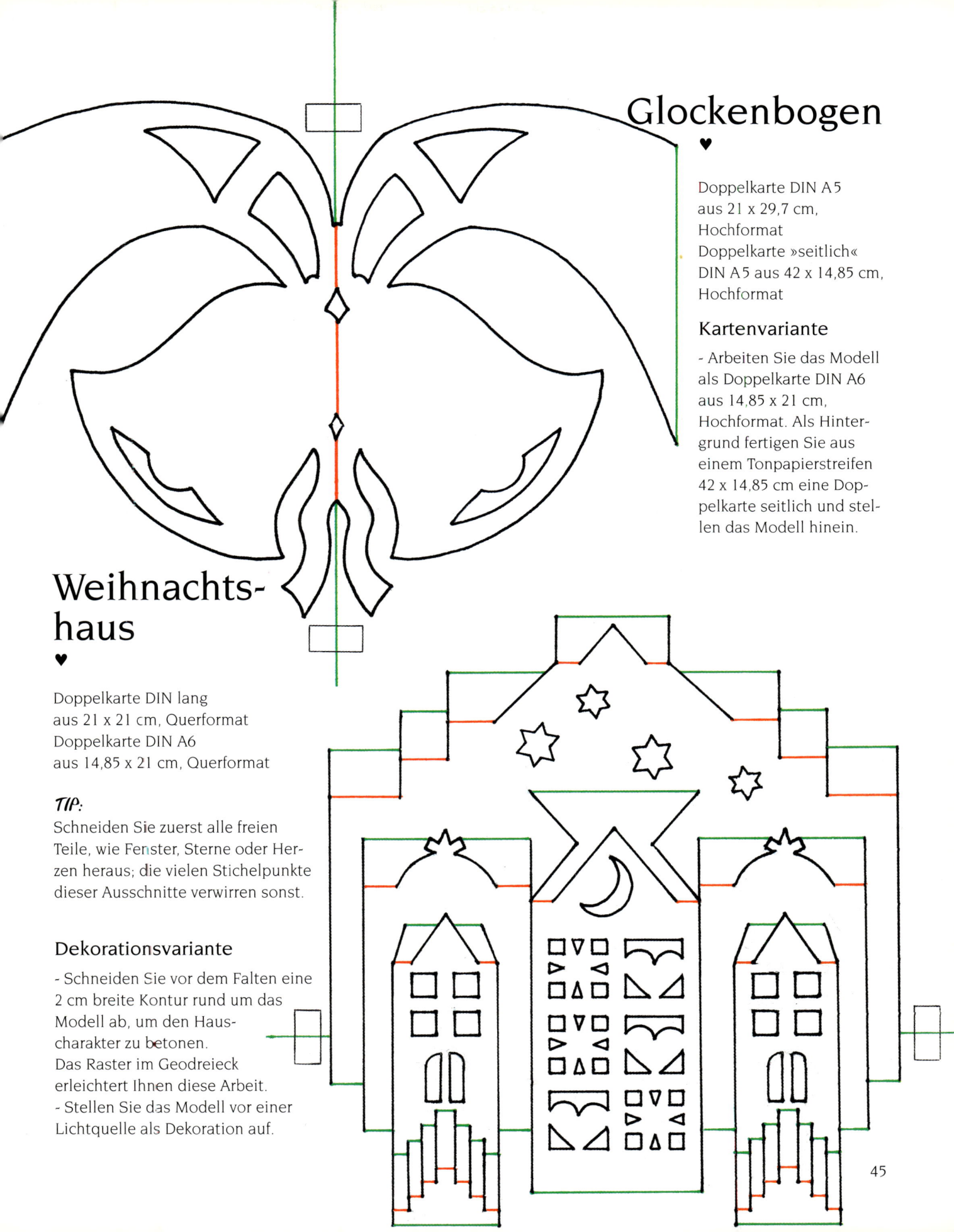

Glockenbogen
♥

Doppelkarte DIN A5
aus 21 x 29,7 cm,
Hochformat
Doppelkarte »seitlich«
DIN A5 aus 42 x 14,85 cm,
Hochformat

Kartenvariante

- Arbeiten Sie das Modell
als Doppelkarte DIN A6
aus 14,85 x 21 cm,
Hochformat. Als Hinter-
grund fertigen Sie aus
einem Tonpapierstreifen
42 x 14,85 cm eine Dop-
pelkarte seitlich und stellen das Modell hinein.

Weihnachts-
haus
♥

Doppelkarte DIN lang
aus 21 x 21 cm, Querformat
Doppelkarte DIN A6
aus 14,85 x 21 cm, Querformat

TIP:
Schneiden Sie zuerst alle freien
Teile, wie Fenster, Sterne oder Herzen heraus; die vielen Stichelpunkte
dieser Ausschnitte verwirren sonst.

Dekorationsvariante

- Schneiden Sie vor dem Falten eine
2 cm breite Kontur rund um das
Modell ab, um den Haus-
charakter zu betonen.
Das Raster im Geodreieck
erleichtert Ihnen diese Arbeit.
- Stellen Sie das Modell vor einer
Lichtquelle als Dekoration auf.

45

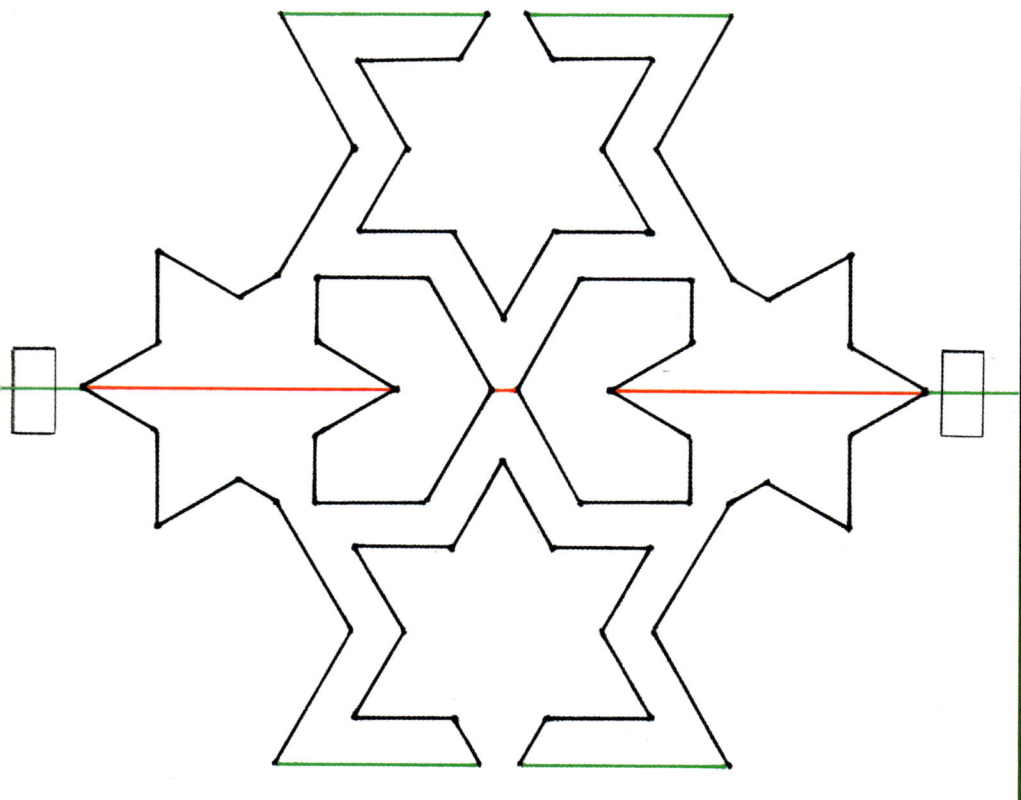

Sternquartett
♥

Doppelkarte DIN lang
aus 21 x 21 cm, Hochformat
Doppelkarte DIN A6
aus 14,85 x 21 cm, Hoch- oder
Querformat

Kartenvariante

- Schneiden Sie einen Streifen von
32 x 14,85 cm zurecht.
- Stellen Sie daraus eine Doppelkarte 16 x 14,85 cm her.
- Markieren Sie auf der geschlossenen Karte eine Parallele zur Hauptfaltkante, im Abstand von 5,5 cm.
- Legen Sie die Hauptfaltkante Ihrer
Schablone über diese Linie.

Tannenbaum

♥ ★ ♣

Doppelkarte DIN lang
aus 21 x 21 cm, Hochformat

TIP:
Bei diesem anspruchsvollen Modell
ist das Ritzen von besonderer
Bedeutung. Arbeiten Sie vor allem
in den Spitzen sorgfältig.

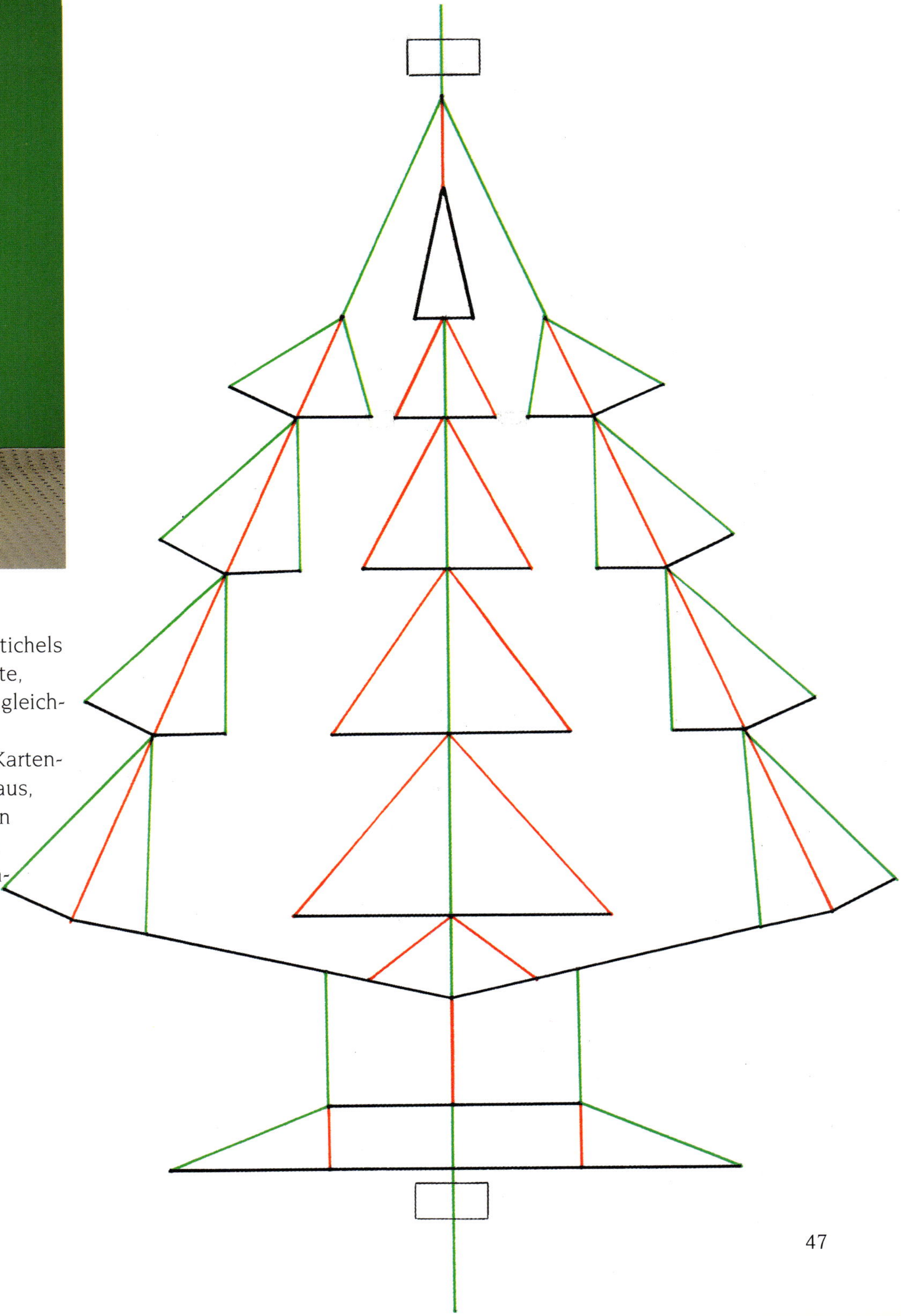

- Kopieren Sie mit Hilfe des Stichels
das Modell auf die Doppelkarte,
und zwar durch beide Hälften gleichzeitig.
- Schneiden Sie durch beide Kartenhälften hindurch das Modell aus,
ritzen Sie jedes Modell einzeln
und falten Sie beide Modelle.
- Sie haben jetzt eine Vierfach-
karte in Postkartengröße.

- Schneiden Sie aus Tonpapier zwei Rechtecke von 4 x 5 cm zurecht und kleben Sie diese jeweils vor den Fußteil des Engels auf den Aus- schnitt.
- Schneiden Sie die Doppelkarte rund um die Rechtecke weg.
- Dekorieren Sie die Tonpapier- flächen mit weißen Papiersternchen.

Engel
♥ ★

Doppelkarte DIN A6
aus 14,85 x 21 cm, Querformat
Doppelkarte »seitlich« DIN lang
aus 42 x 10,5 cm, Querformat
Doppelkarte »seitlich« DIN A6
aus 29,7 x 10,5 cm, Querformat

Folgen Sie der Arbeitsanleitung für die 180°-Modelle, siehe Seite 18 bis 19.

Dekorationsvariante

- Fertigen Sie das Modell als Dop- pelkarte DIN A6 aus 14,85 x 21 cm, Querformat.

Kerze

♥

Doppelkarte DIN A6
aus 14,85 x 21 cm, Querformat
Doppelkarte »seitlich« DIN lang
aus 42 x 10,5 cm, Querformat
Doppelkarte »seitlich« DIN A6
aus 29,7 x 10,5 cm, Querformat

Folgen Sie der Arbeitsanleitung
für die 180°-Modelle, siehe Seite 18
bis 19.

Dekorationsvariante

- Arbeiten Sie das Modell als Doppelkarte DIN A6 aus 14,85 x 21 cm, Querformat.

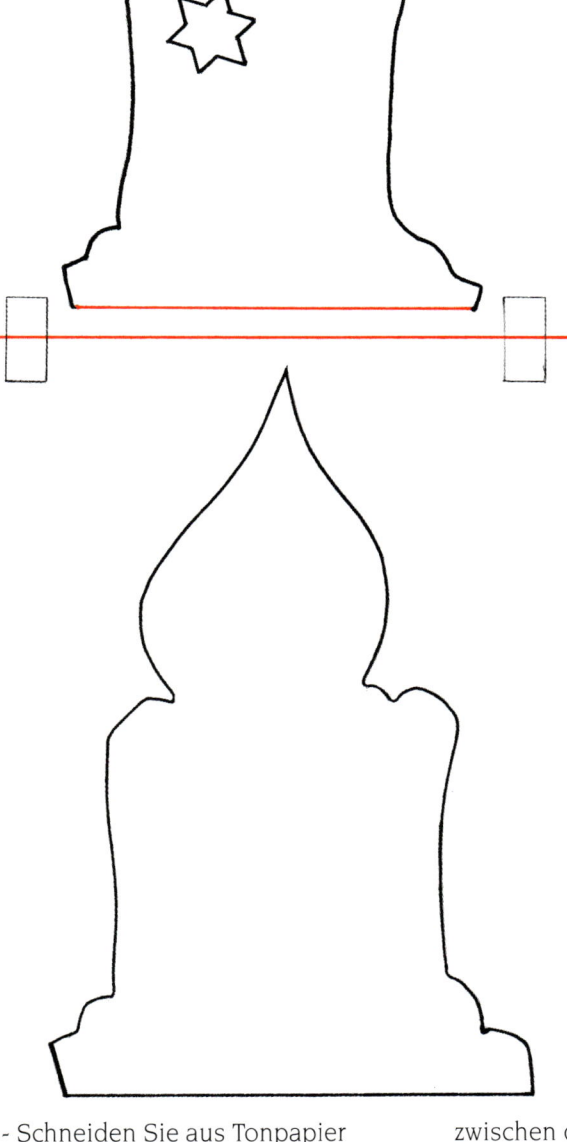

- Schneiden Sie aus Tonpapier einen Kreis mit 7 cm Durchmesser und zeichnen Sie durch den Mittelpunkt eine Gerade.
- Zeichnen Sie rechts und links von dieser Geraden eine Parallele mit je 4 mm Abstand.
- Stechen Sie mit dem Zirkel in den Kreismittelpunkt und tragen Sie

zwischen den äußeren Parallelen oben und unten 2,8 cm ab.
- Schneiden Sie das entstandene Rechteck mit dem Cutter aus.
- Stülpen Sie den Kreis über das Modell, befestigen Sie ihn mit Klebstoff und schneiden Sie rund um den Tonpapierkreis den überstehenden Teil der Karte weg.

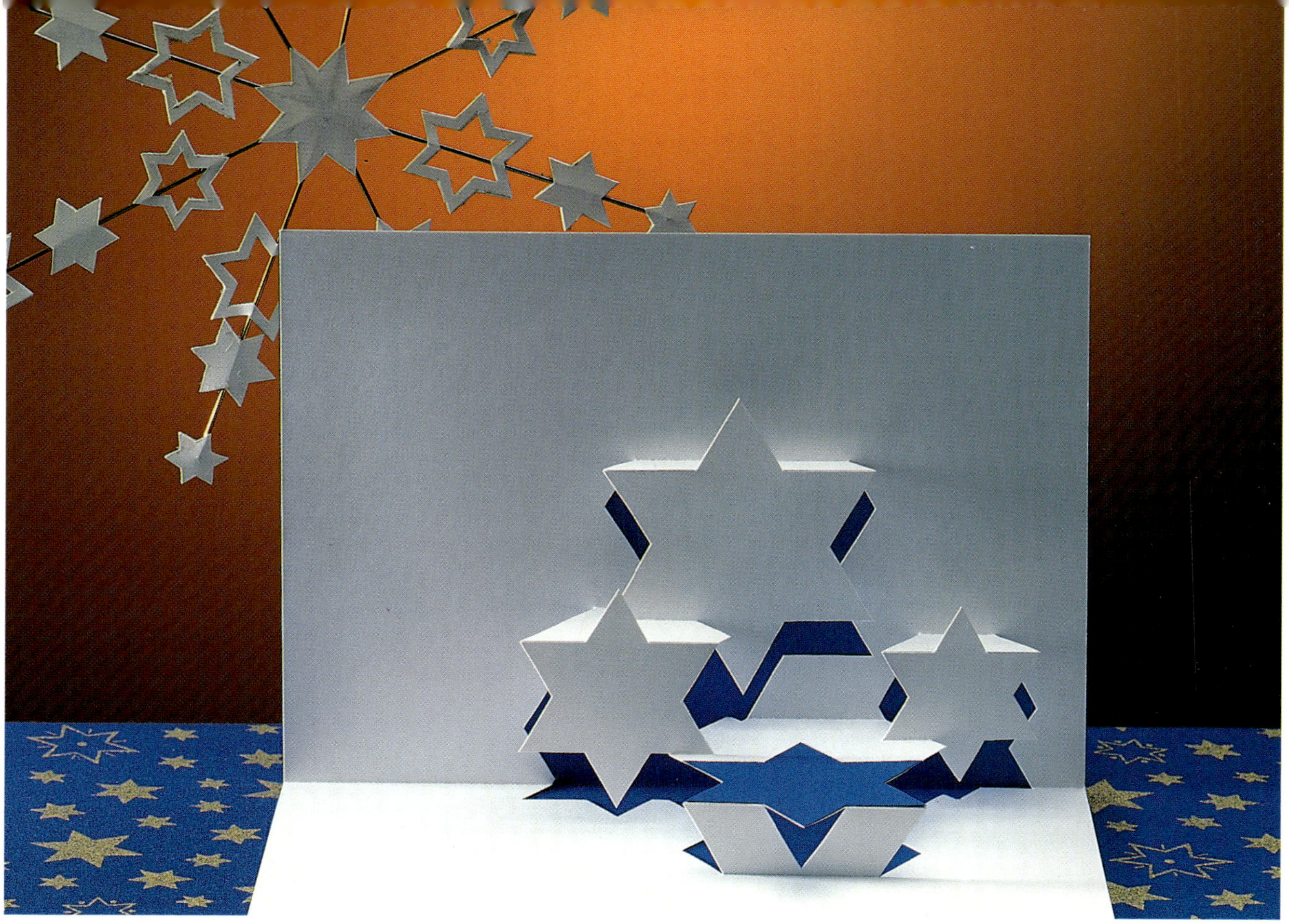

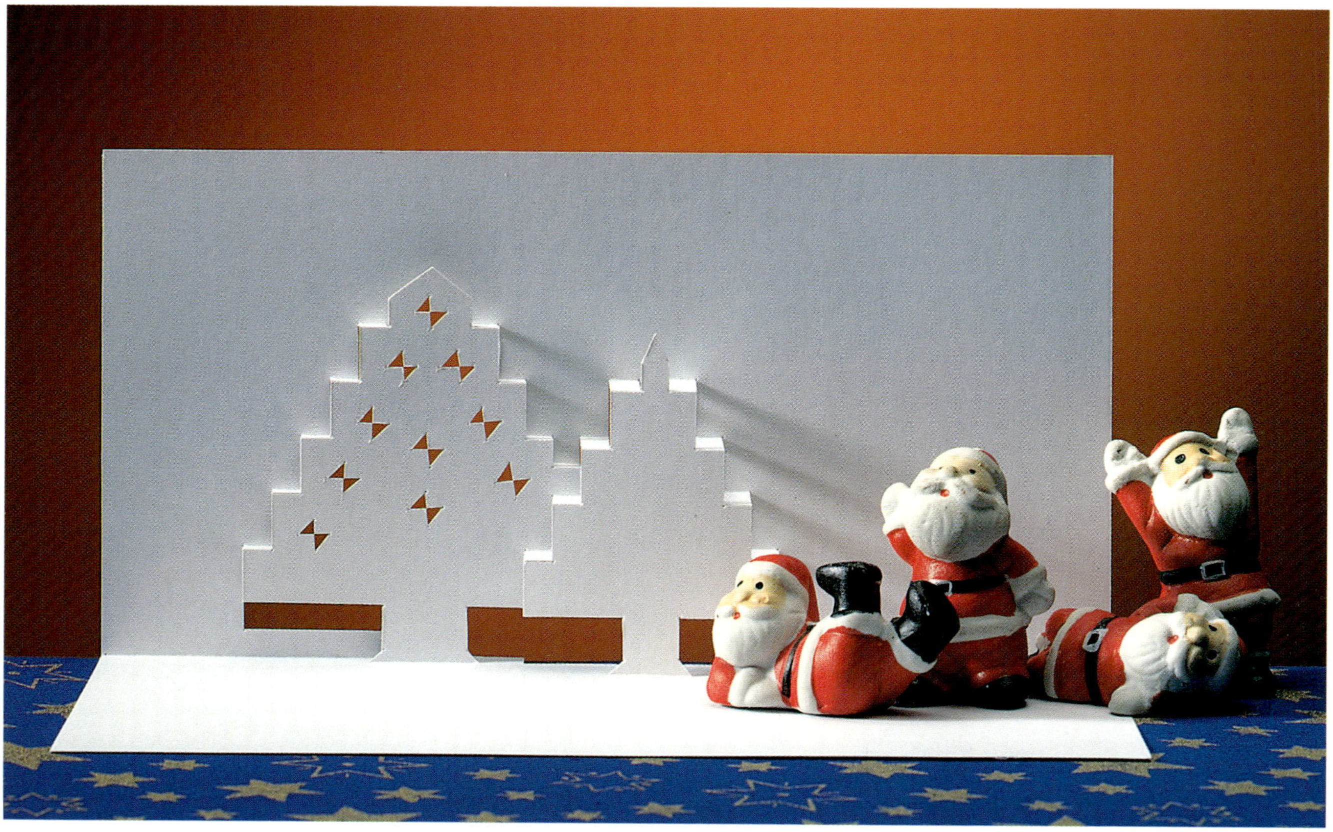

Sterne

♥ ★

Doppelkarte DIN A5
aus 21 x 29,7 cm, Hochformat
- Die gestrichelte Linie vollendet
die Kontur eines Sternes. Beim
Kopieren des Modells ist dies
jedoch ohne Bedeutung.
- Kopieren Sie diesen Stern auf
farbiges Tonpapier und schneiden
Sie ihn aus.
- Nach Fertigstellung der Karte
kleben Sie den Tonpapier-
stern auf die in der Vorlage
angegebene Stelle.

Zwei Tannen

♥

Doppelkarte A6
aus 14,85 x 21 cm, Querformat
Doppelkarte DIN lang
aus 21 x 21 cm, Querformat

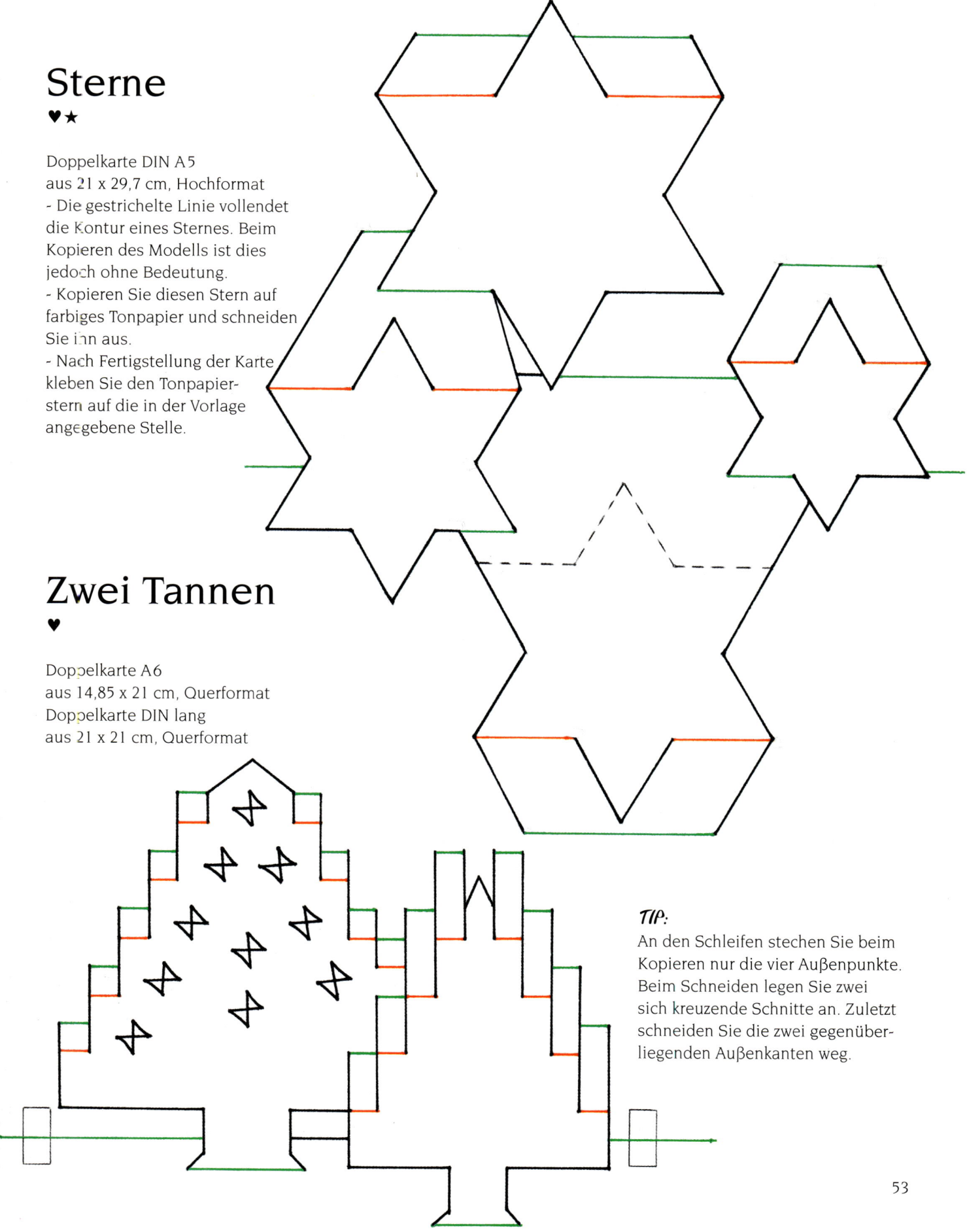

TIP:
An den Schleifen stechen Sie beim
Kopieren nur die vier Außenpunkte.
Beim Schneiden legen Sie zwei
sich kreuzende Schnitte an. Zuletzt
schneiden Sie die zwei gegenüber-
liegenden Außenkanten weg.

Zwillingsengel

♥ ★ ♣

Doppelkarte DIN A6
aus 14,85 x 21 cm, Hochformat
Doppelkarte DIN lang
aus 21 x 21 cm, Hochformat

Kartenvariante

- Arbeiten Sie das Modell in den
Maßen 14,85 x 21 cm (Hochformat)
und schneiden Sie an der linken
Kartenhälfte einen 5 cm breiten
Streifen weg.
- Schneiden Sie aus Tonpapier eine
Karte von 10,5 x 14,85 cm zurecht.
- Legen Sie diese Karte paßgenau
unter die rechte Hälfte des Modells.
- Markieren Sie mit dem Stichel
die Endpunkte der Talfalten an Rock
und Flügel des Engels.

- Schneiden Sie auf der Tonpapierkarte vom obersten Punkt durch alle
anderen, bis zum unteren Ende der
Karte.
- Schieben Sie das Tonpapier von
oben auf die Doppelkarte, den
Engel führen Sie durch den Schlitz.
- Befestigen Sie das Tonpapier
mit Klebstoff auf der weißen Kartenhälfte.

Geschmückter Baum
♥ ★

Doppelkarte DIN A6
aus 14,85 x 21 cm, Querformat
Doppelkarte DIN lang
aus 21 x 21 cm, Querformat

Kartenvariante

- Arbeiten Sie zwei identische Bäume als Doppelkarte DIN A6 und legen Sie einen Konturschnitt rund um das Modell an.
- Nehmen Sie eine farbige Tonpapierkarte in den Maßen 14,85 x 21 cm (Querformat). Falten Sie diese zur Doppelkarte und legen Sie sie aufgeklappt flach auf den Tisch.
- Befestigen Sie mit Klebstoff einen Baum mit dem Fußteil

auf dieser Karte, indem Sie die Hauptfaltkante des Modells exakt an die Hauptfaltkante des Tonpapiers anlegen.
- Verfahren Sie mit dem zweiten Baum ebenso, auf der anderen Seite der Hauptfaltkante.
- Die Bäume stehen jetzt Rücken an Rücken.
- Kleben Sie die Tannen an der Kontur zusammen.
- Sie können die Doppelkarte nun zuklappen und haben innenliegend zwei Modelle.

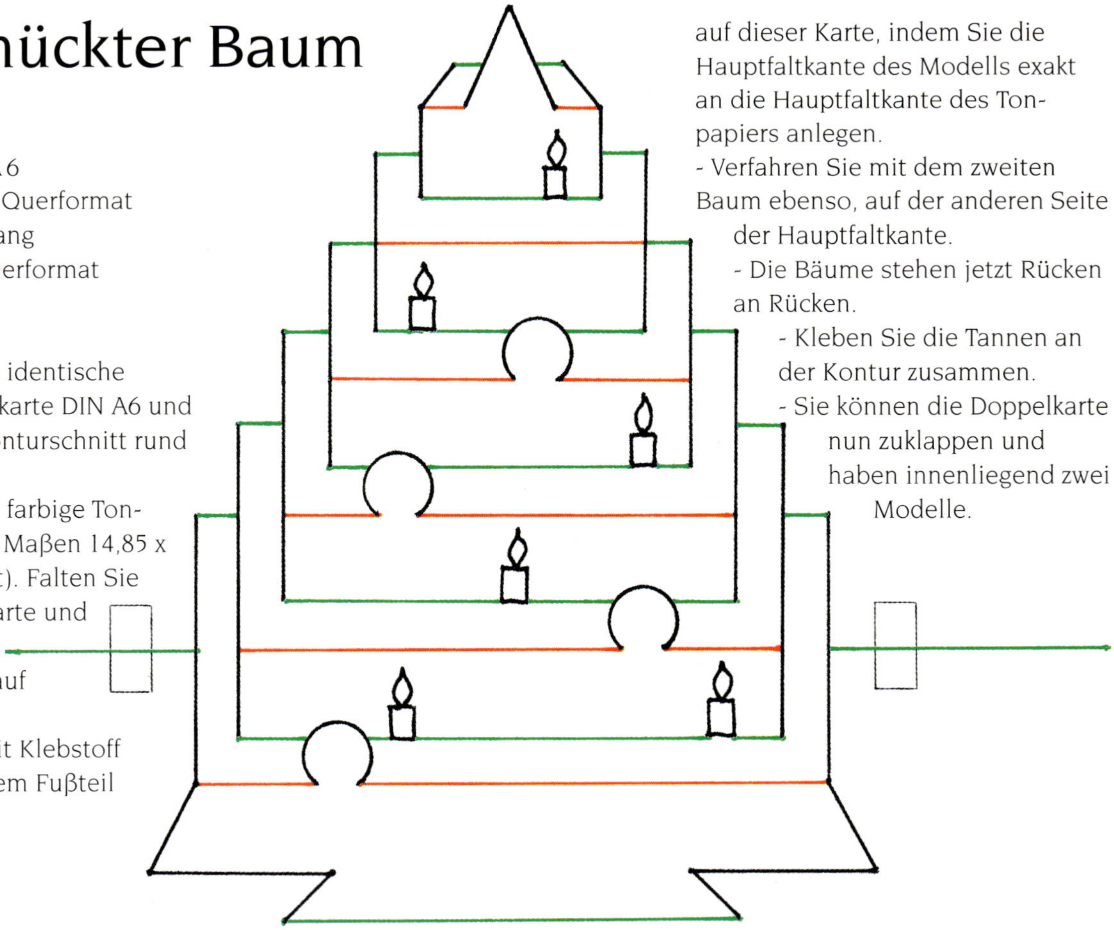

Kerzentrio

♥★

Doppelkarte DIN A6
aus 14,85 x 21 cm, Querformat
Doppelkarte DIN lang
aus 21 x 21 cm, Querformat

Um dieses klassische Motiv zu fertigen, folgen Sie den Arbeitsschritten
1 bis 4 (Seite 12 bis 15).

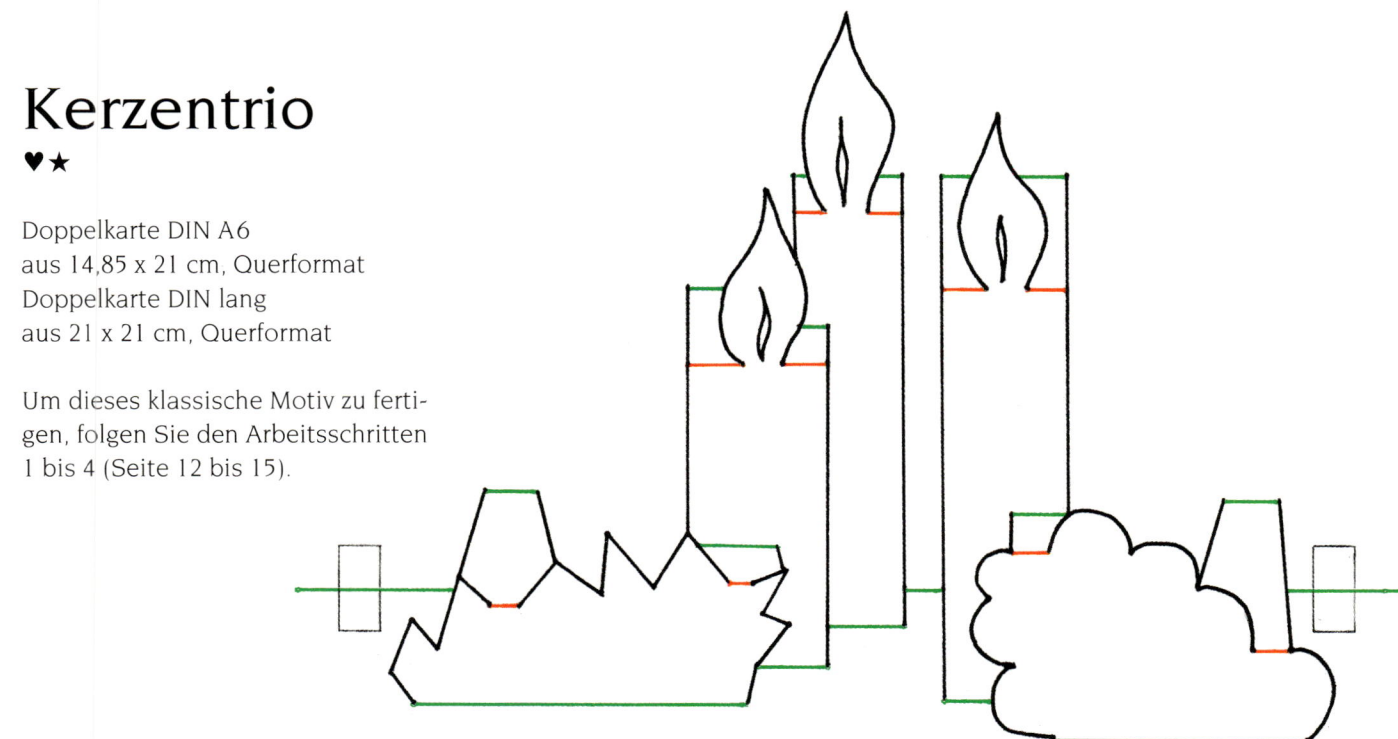

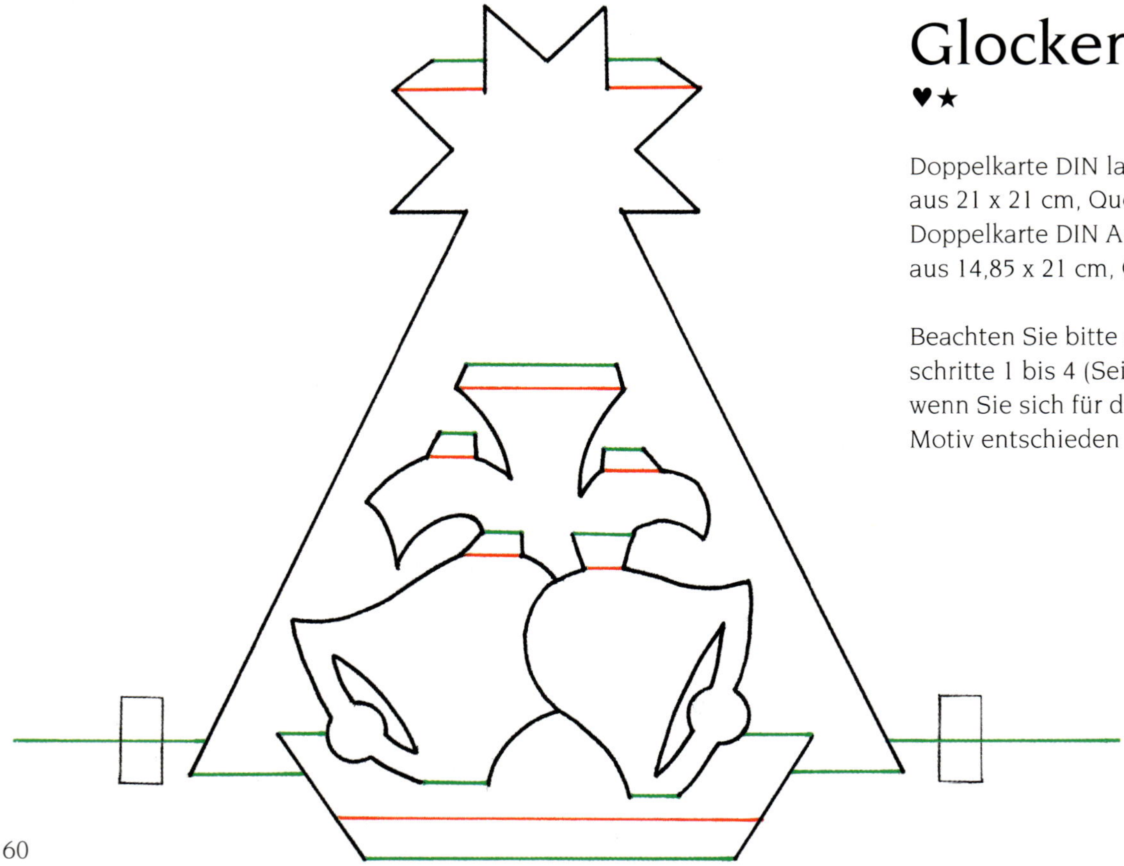

Glocken
♥ ★

Doppelkarte DIN lang
aus 21 x 21 cm, Querformat
Doppelkarte DIN A6
aus 14,85 x 21 cm, Querformat

Beachten Sie bitte die Arbeitsschritte 1 bis 4 (Seite 12 bis 15),
wenn Sie sich für dieses stilvolle
Motiv entschieden haben.

Drei Herzen

♥★

Doppelkarte DIN A6
aus 14,85 x 21 cm, Querformat
Doppelkarte DIN lang
aus 21 x 21 cm, Querformat

Kartenvariante

- Arbeiten Sie dieses Modell aus
farbigem Tonpapier oder Regen-
bogen-Karton.
- Verwenden Sie passend dazu eine
weiße Hintergrundkarte.

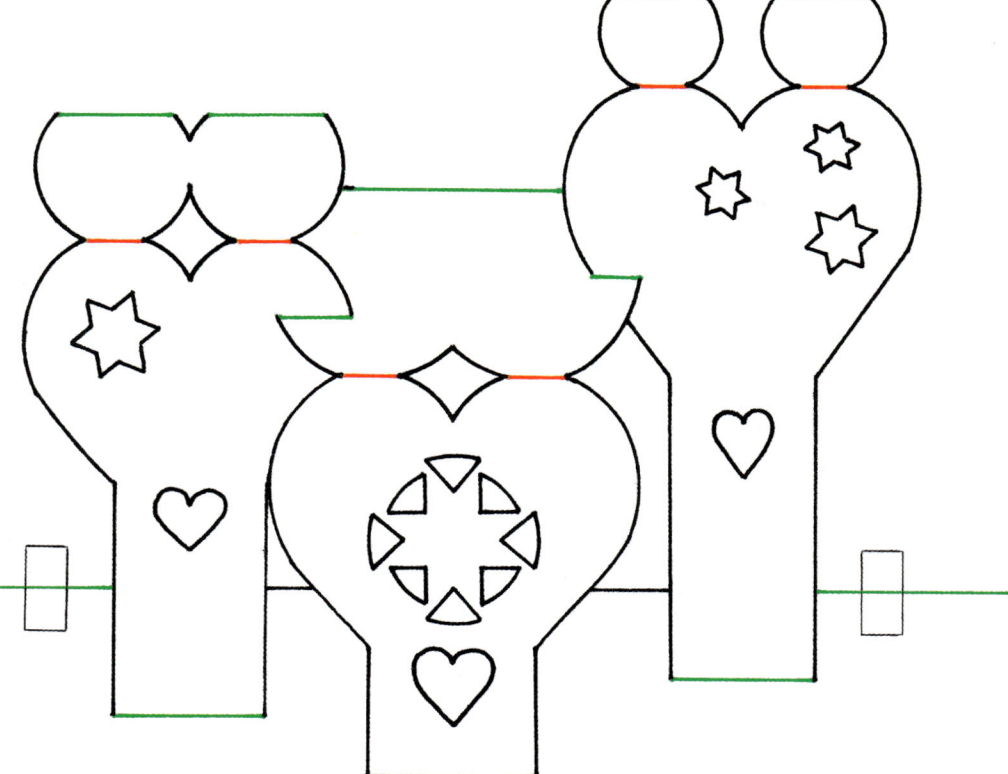

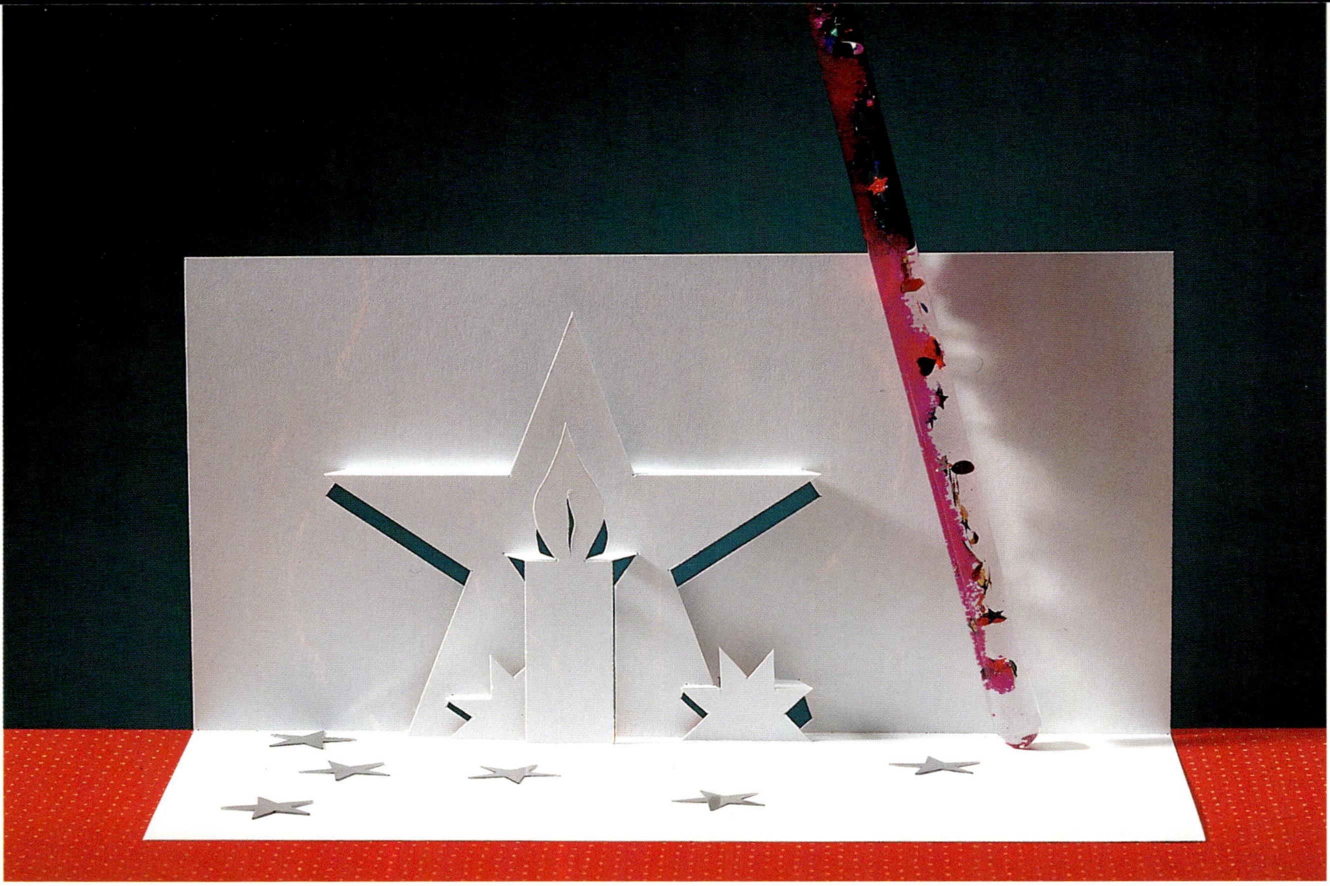

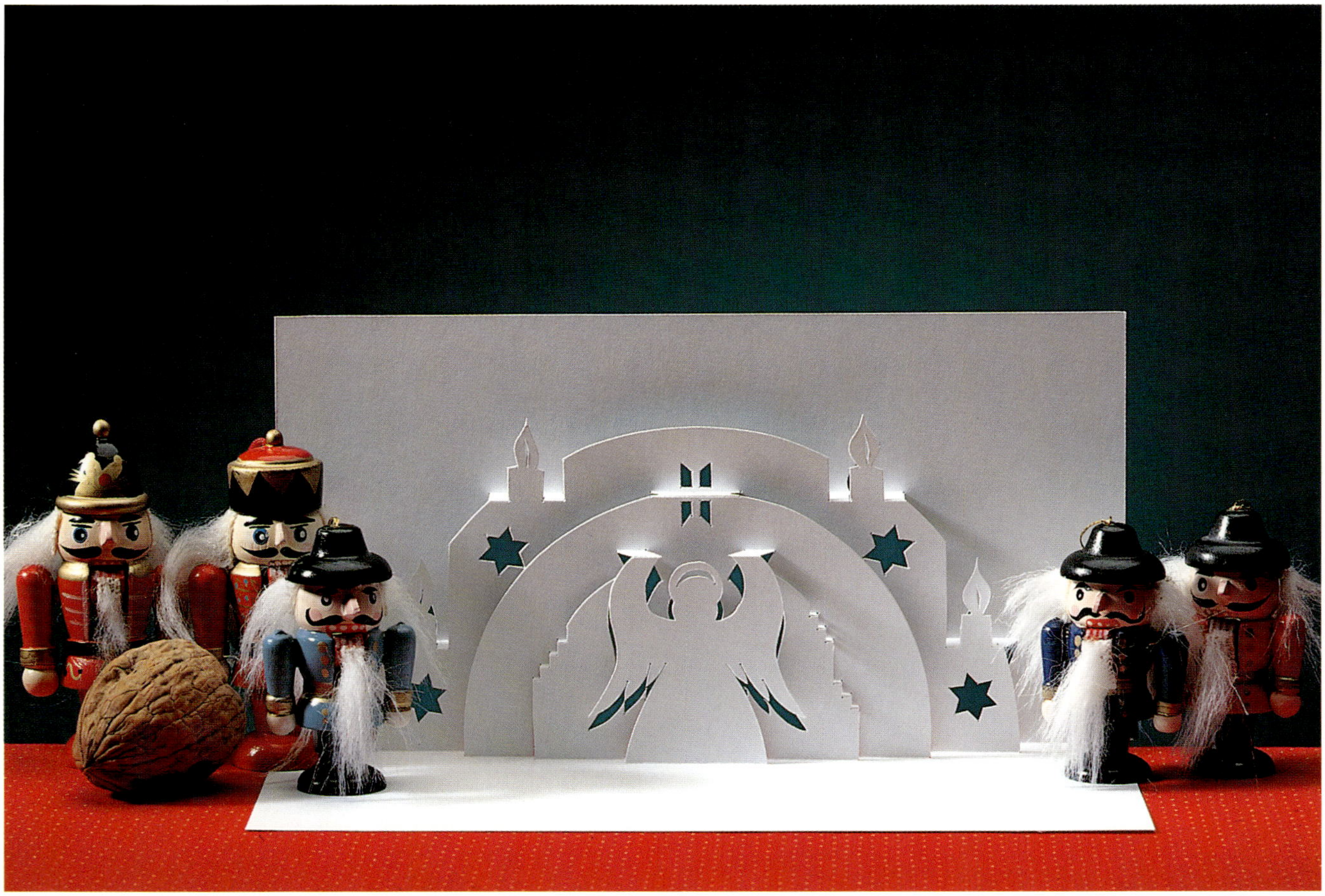

Sternkerze

♥ ★

Doppelkarte DIN A6 aus
14,85 x 21 cm, Querformat
Doppelkarte DIN lang
aus 21 x 21 cm, Querformat

Kerzen und Weihnachten gehören
untrennbar zusammen. Wenn Sie
dieses Motiv nacharbeiten wollen,
folgen Sie den Arbeitsschritten 1 bis
4 (Seite 12 bis 15).

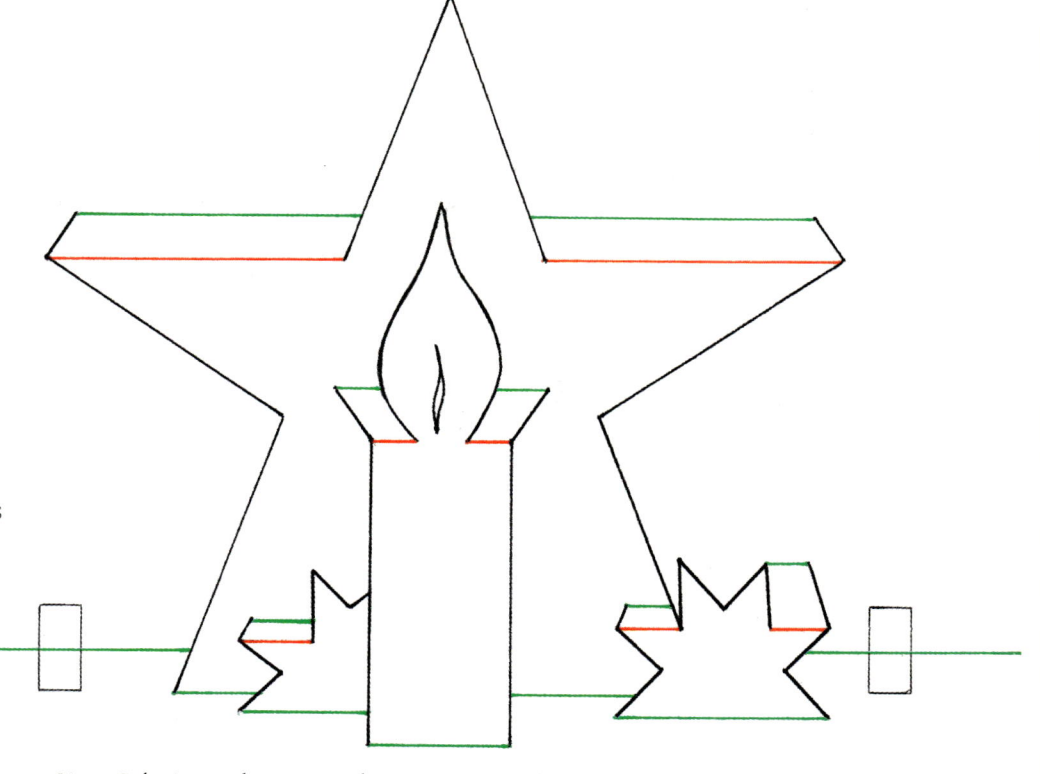

Lichterkranz

♥ ★

Doppelkarte DIN lang
aus 21 x 21 cm, Querformat
Doppelkarte DIN A5
aus 21 x 29,7 cm, Querformat

Kartenvariante

- Plazieren Sie beim Kopieren das
Modell genau in die Mitte.
- Schlagen Sie mit dem Zirkel von
dem markierten Punkt auf dem
Engel einen Halbkreis um
das Modell bis auf die
Hauptfaltkante,
mit einem Radius
von 10 cm.

- Vom Schnittpunkt aus markieren
Sie nach rechts und links eine Linie
in die unteren Ecken.
- Arbeiten Sie das Modell und
schneiden Sie als letzten Schritt
die Karte an der Konturlinie aus.

Dekorationsvariante

- Schlagen Sie vom markierten
Punkt auf dem Engel einen Kreis
mit 9,5 cm Radius.

- Arbeiten Sie das Modell und
schneiden Sie vor dem Klappen
die gesamte Kreiskontur aus.
- Schneiden Sie aus Tonpapier
einen Kreis mit 10 cm Radius und
ritzen Sie eine Talfalte durch den
Kreis. Der Abstand zum Kreismittelpunkt sollte 1 cm betragen.
- Klappen Sie den Tonpapierkreis
und stellen Sie die 3D-Karte hinein.

Geschenketanne
♥ ★

Doppelkarte DIN lang aus 21 x 21 cm, Querformat
Doppelkarte DIN A6 aus 14,85 x 21 cm, Querformat

Geschenke unterm Weihnachtsbaum...
Wer wird da nicht an seine eigene Kindheit
erinnert? Folgen Sie einfach den Arbeitsschritten
1 bis 4 (Seite 12 bis 15).